우리 아이 **마음을** 알 수 있는
부모자격시험문제

국립중앙도서관 출판시도서목록(CIP)

(우리 아이 마음을 알 수 있는)부모자격시험문제 / 지은이: 한효석 ; 그린이: 홍승우 ; 만화 어시스트:이재호, 박은미. -- 서울 : 옹기장이, 2006
  p. ;   cm

ISBN 89-90832-08-X 03370 : \9800

598.1-KDC4
649.1-DDC21   CIP2006000544

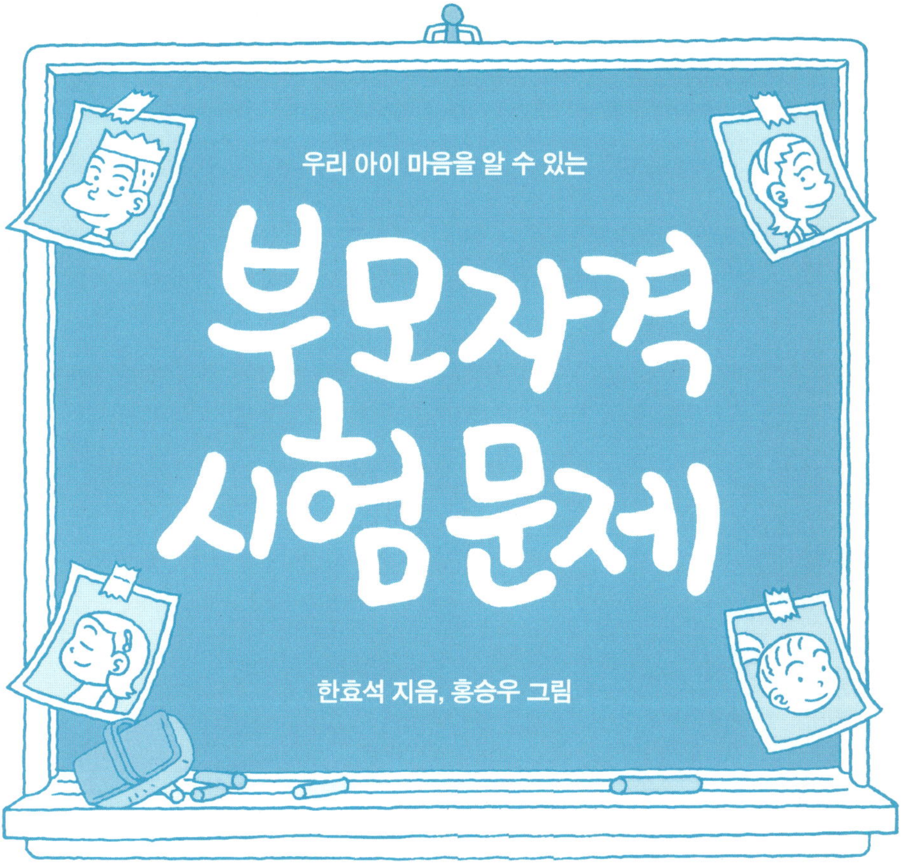

우리 아이 마음을 알 수 있는

부모자격 시험문제

한효석 지음, 홍승우 그림

옹기장이

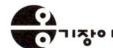

우리 아이 마음을 알 수 있는
부모자격시험문제

초판 1쇄 인쇄 | 2006년 3월 15일
초판 1쇄 발행 | 2006년 3월 20일

지은이 | 한효석
그린이 | 홍승우
만화 어시스트 | 이재호, 박은미
펴낸이 | 장면수
기획·편집 | 김영철, 조희승

펴낸곳 | 도서출판 옹기장이
주소 | 서울시 종로구 창성동 127-4 2F (우) 110-034
등록 | 2002년 3월 4일 제13-753호
전화 | (02) 722-2571
팩스 | (02) 722-2579
전자우편 | ongpub@hanmail.net
ⓒ 한효석, 2006
그림 ⓒ 홍승우, 2006

ISBN 89-90832-08-X 03370

책값은 뒤표지에 있습니다.
파본은 구입하신 서점에서 바꾸어드립니다.

아빠, 그러시면 어떡해요?
네가 뭘 안다고 까불어?

아빠, 나 학교 다니기 싫어요.
뭐라고? 도대체 그게 무슨 소리야?

앗, 그만 깜박 잊었어요.
너는 정신을 어디다 두고 다니니?

엄마, 나 오늘 술 좀 마셨어요.
뭐? 고등학생이 무슨 술이야!

너, 오늘 나랑 이야기 좀 하자.
싫어. 아빠랑 말도 하기 싫어.

대학보다 음악을 택하겠어요.
정신 나갔니? 대학을 왜 안 가?

□ 조회시간 □   부모자격시험문제를
             풀어야 하는 까닭

　젊은 남녀가 만나 사랑하고 아이를 낳으면서, 부모로서 마음가짐과 실천 방식을 제대로 익히기도 전에 부모가 되고 학부모가 됩니다. 그래서 그 젊은 부부는 자기가 살아오면서 겪은 일에 기대어 아이를 키웁니다. 결국 그런 부모는 그 집 아이가 살아야할 미래를 기준으로 하지 않고, 자기가 살아온 산업 사회 방식에 아이를 맞추려 합니다.

　얼마 전 텔레비전의 한 프로그램에서 가족 간 불화 문제, 부적응 아이 문제, 폭력 문제를 다루었지요. 많은 사람들이 깜짝 놀랐습니다. 가정이라는 한 울타리에 살면서도 서로를 잘 이해하지 못해 부부와 아이가 따로따로 놉니다. 그 속에서 아이들은 점점 거칠고 고집스러워지며 작은 일에도 쉽게 분노하게 됩니다.

　프로그램 끝에 한 무리 전문가 집단이 그 험한 가정에 매달려, 부모 교육과 자녀 상담을 동시에 추진합니다. 또 그 지역 복지관에서 그 가정을 지속적으로 도와줍니다. 프로그램은 그 가정 안의 문제가 비교적 산뜻하게 해결되고, 평화가 찾아오는 것으로 마무리됩니다.

과거 농경 사회를 기반으로 하던 때는 이런 전문가 집단이 없어도, 대가족 안에서 서로 도우면서 아이 키우는 방법을 두고 시행착오를 줄였을 것입니다. 그러나 요즘 부모들은 전문가 도움을 받기는커녕 핵가족이라는 이름을 달고, 오직 자기들 힘만으로 아이를 키워야 하지요. 요즈음 같이 세태 변화가 심해 어떤 기준으로 아이들을 키워야 할지 판단하기가 어려운 때 말입니다.

어떤 부모는 시행착오와 갈등을 모두 청소년 탓으로 돌리기도 합니다. 그래서 한때 기성 세대는 청소년을 도대체 이해할 수 없다며 엑스(X)세대라고 불렀습니다. 그 엑스 세대도 세월이 흘러 지금 부모가 되었습니다.

그런데 어느 기관이 조사하였더니 지금 부모가 된 엑스 세대들은 아들과 딸을 차별하지 않고, 과거보다 아이들을 훨씬 자유롭게 키우는 것으로 드러났습니다. 명분보다 실리를 존중하는 것입니다. 철부지처럼 자란 것 같은 엑스 세대가 과거 세대보다 아이들을 훨씬 잘 키우고 있었던 것입니다. 어떻게 키우는지를 알면 부모 노릇을 제대로 한다는 뜻이기도 하지요.

이 글은 아이를 어떻게 키워야 할지 고민하는 분들과 아이들 문제를 함께 논의해 보자는 뜻에서 시작되었습니다. 1970년대 10월 유신을 거쳐 1980년대 광주민주항쟁과 서울 올림픽을 겪은 세대가 어떻게 자녀를 키울 것인지를 생각해보자는 것입니다. 우리 세대는 1990년대 초반 서태지와 아이들에 열광하는 아이들을 지켜보다가, 1997년 아이엠에프(IMF) 사태, 2002년 한일 월드컵 축구, 2004년 대통령 탄핵을 겪은 세대이기도 합니다.

그런 격변기에서도 부모 철학이 확실하면 양육 과정과 방법이 보입니다. 알고 보면 지금은 부모 자식이 세대 차이를 넘어, 산업 사회와 정보화 사회를 대신하여 싸우는 때입니다. 부모와 자녀가 서로 사랑하지 않기 때문에 벌어지는 갈등이 아닙니다. 기준과 철학이 확실하지 않아 무슨 일이 벌어졌을 때 부모들이 당황해 하고 우루루 휩쓸려 다녔던 것 뿐이지요.

이 책은 사회적으로 성공하는 아이로 키우려는 부모를 대상으로 한 것이 아니라, 최선을 다해 열심히 사는 아이로 키우려는 부모를 전제로 하였습니다. 재주가 뛰어난 아이로 키우는 것보다 더불어 사는 아이로 키우는 것이 더 힘들지도 모릅니다. 많은 분들이 이 글을 읽으며 동료, 이웃, 친구들과 더불어 자녀 문제를 진지하게 생각해보고, 험난한 시대에 좋은 부모로 사는 계기로 삼았으면 좋겠습니다.

도서출판 옹기장이 가족들께 고맙다는 말씀을 드립니다. 잊고 방치했던 글이었는데, 잘 다듬어 보석으로 만들어 주셨습니다. 홍승우님도 참여하셔서 좋은 그림으로 내용을 더욱 돋보이게 해주셨지요. 그리고 많은 청소년들이 문제와 보기를 만들 때 여러 모로 도와주었습니다. 고맙습니다.

2006년 3월, 한 효 석

□ 참관수업 □

부모의 자격으로 문제를 풀어보니

젊은 시절, 특히 결혼 전에는 누구나 이런 꿈을 꿉니다. '나는 좋은 반려자와 결혼해서 서로 위해주고 사랑하며 예쁜 자식 낳고 평생 행복하게 살 거야' 하고 말이죠. 하지만 막상 결혼을 해서 아이를 낳고 1년, 5년, 10년…… 이렇게 살다보면 그때 쉽게 내뱉었던 말이 참으로 실천하기 어려운 것이었음을 깨닫게 됩니다. 특히 자식을 키우는 문제에 있어서는 왕도가 없기 때문에 더더욱 그렇지요.

그래서 결혼한 지 10년이 다 된 요즘 저는 이런 생각을 합니다. 자식이 학교에서 공부를 하듯, 부모도 자식을 어떻게 가르쳐야 하는지, 아기를 갖기 전에 '부모교육학교'에서 미리 수업을 받아 예습을 했더라면 지금까지 자식을 키우면서 했던 실수들은 하지 않았을 텐데…… 하고 말이죠. 버럭 하고 화를 냈던 일도 현명하게 웃으면서 기분 좋게 넘어갔을 테고, 막막했던 고비들도 무사히 넘겼을 겁니다. 물론 인생이란 굴곡이 심해서 살다보면 고민거리는 항상 생기게 마련이지만 그래도 배우지 않은 것보다는 나았을 거라는 얘깁니다. 공부하면 할수록 더더욱 자식교육에 현명해질 거라는 거죠.

한효석 선생님의 부모자격시험문제들은 수험생인 부모들에게 자신이 현재 어떤 부모인지 척도가 되어주는 역할을 합니다. "이 문제는 너무 쉬운데" "이건 알쏭달쏭하네" "이건 정말 모르겠다" 하며 얼른 정답을 확인하고픈 욕망과 재미를 느껴가면서 말이죠.

총 50문항에 한 문항 당 2점으로 치면 100점이 되는데 여러분들도 편한 마음으로 끝까지 풀어보시고 자신의 점수를 매겨보세요. 물론 정해진 시험 시간이 없으니 시간은 충분합니다. 바쁘게 돌아가는 일상이지만, 휴일날 짬을 내셔서 잠시 텔레비전은 끄시고, 부부가 함께 상의해가며 풀어도 괜찮습니다. 부부가 자식 문제에 대해 서로 상의할 수 있는 기회가 되니까요.

시험이 모두 끝난 다음 점수를 보니, 아내가 저보다 더 좋은 점수를 받았더군요. 반성해야 할 것 같습니다. 다음에 또 시험 기회가 있다면 아내보다는 더 잘 받아야겠죠.

제 점수요? 비밀입니다.

2006년 3월, 홍 승 우

* 시험일정표 *

부모자격시험문제

- **조회시간** 부모자격시험문제를 풀어야 하는 까닭   한효석   07
- **참관수업** 부모의 자격으로 문제를 풀어보니   홍승우   10

1교시 생활탐구영역

| 아빠, 그러시면 어떡해요? | 네가 뭘 안다고 까불어? |

문제 01 부모님께서는 지금까지 아이들에게 실수했던 부분을 어떻게 하시겠습니까? 21
문제 02 '내가 없으면 우리 집안은 엉망이 될 것이다' 라고 생각하십니까? 25
문제 03 우리 아이가 부동산 투기를 하지 말라며 대화에 끼어든다면, 어떻게 하시겠습니까? 29
문제 04 아이와 약속한 것을 잊었습니다. 어떻게 하시겠습니까? 33
문제 05 자녀가 예민한 시기에 회사 일로 멀리 떠나야 하는 일이 생긴다면? 37
문제 06 유치원에 다니는 다음 아이들 중에서 과연 천재라고 할 만한 아이들은 누구일까요? 41
문제 07 갓길로 주행한 부모에게 아이가 항의한다면? 45
문제 08 부부 싸움을 한 뒤, 어떻게 하십니까? 49
문제 09 다음은 부모가 이해해주지 않는 것으로 청소년들이 예시한 것입니다. 53
- **1교시 쉬는시간** 이것이 1교시 포인트 & 자녀와 함께하는 문화 나들이 57

2교시 학교탐구영역

> 아빠, 나 학교 다니기 싫어요. 뭐라고? 도대체 그게 무슨 소리야?

문제 10   부모로서 당신은 아이를 학교에 왜 보냅니까? 61
문제 11   우리 아이가 학교에 적응하지 못해, 학교에 가려고 하지 않습니다. 65
문제 12   학급 임원으로 뽑힌 다른 아이 엄마들이 담임교사에게 함께 인사하러 가자고 합니다. 69
문제 13   아이 담임이 여자입니까, 남자입니까? 어디에 삽니까? 결혼했습니까? 73
문제 14   우리 아이가 담임교사(또는 학교)를 두고 불평을 합니다. 77
문제 15   아이가 작년 담임에게 선물하겠다고 돈을 달라면 어떻게 하시겠습니까? 81
문제 16   아이들이 친구를 심하게 때리는 교사를 폭력교사라며 경찰서에 신고하였습니다. 85
문제 17   우리 아이가 학교에서 친구와 싸웠는데 옷이 찢어진 상태로 코피를 흘리며 돌아왔습니다. 89
■ 2교시 쉬는시간 이것이 2교시 포인트 & 전국 초·중·고 대안학교 93

3교시 교육탐구영역

> 앗, 그만 깜박 잊었어요. 너는 정신을 어디다 두고 다니니?

문제 18   휴대폰으로도 연락이 되지 않았는데, 아이가 눈에 옷이 흠뻑 젖어 들어옵니다. 97
문제 19   우리 아이의 욕하는 말버릇을 고쳐주기 위해 우선 시도해볼 만한 것은? 101
문제 20   우리 아이가 부모와 약속하고는 번번이 그 약속을 지키지 않습니다. 105
문제 21   우리 아이와 사귀었으면 좋겠다고 생각되는 아이는 누구입니까? 109
문제 22   우리 아이가 물었는데, 말뜻을 정확히 모르신다면 어떻게 하시겠습니까? 113
문제 23   심부름을 시키려고 몇 번이나 불러도 도무지 노느라고 정신이 없습니다. 117
문제 24   당신이 보려고 사서 귀중하게 보관해둔 책을 아이가 베고 잔다든지, 깔고 앉았습니다. 121
문제 25   집안 형편이 어려운데 아이가 용돈을 올려달라고 합니다. 125
■ 3교시 쉬는시간 이것이 3교시 포인트 & 전국 홈스쿨링·계절학교 129

4교시 위기탐구영역

| 엄마, 나 오늘 술 좀 마셨어요. | 뭐? 고등학생이 무슨 술이야! |

문제 26 손해배상금을 주지 않으면 구속되거나 학교에서 퇴학당할 상황에 놓였습니다. 133
문제 27 우리 아이가 몸을 가누지 못할 정도로 술에 취해 밤늦게 들어왔습니다. 137
문제 28 우리 아이가 방학 중에 머리를 노랗게 염색하고 코걸이를 하고 나타났습니다. 141
문제 29 우리 아이가 신경질적이고, 말투가 거칩니다. 145
문제 30 우리 아이가 음란물에 빠져 삽니다. 149
문제 31 학생 폭력의 근본 원인을 주로 어디에서 찾습니까? 153
문제 32 우리 아이가 여자친구와 함께 있을 때 있었던 스킨십을 말하였습니다. 157
문제 33 딸이 임신을 했습니다. 부모로서 당신은 가장 먼저 무엇을 어떻게 하시겠습니까? 161
■ 4교시 점심시간 이것이 4교시 포인트 & 지역별 청소년 상담기관 165

5교시 대화탐구영역

| 너, 오늘 나랑 이야기 좀 하자. | 싫어. 아빠랑 말도 하기 싫어. |

문제 34 아이가 당신에게 "부모라고 나에게 해준 게 뭐가 있어요?" 하고 대듭니다. 169
문제 35 청소년들이 부모가 변덕스럽다고 하며 지적한 것입니다. 몇 개나 해당되는지 골라보세요. 173
문제 36 요즘 10대들, 형제와 친구들에게 양보하고 배려합니까? 177
문제 37 다음 중에서 대화에 쓰는 말투는 어떤 것일까요? 181
문제 38 동사무소에 가서 인감증명서를 떼어오라고 했더니 주민등록등본을 떼어왔습니다. 185
문제 39 아이가 다른 아이들도 다 있다며, 70만 원짜리 휴대폰을 사달라고 조릅니다. 189
문제 40 공부도 못하고 재주도 없는 우리 아이에게 학원비를 주실 때 어떤 생각이 드십니까? 193
문제 41 요즘 부모는 아이들 마음을 얼마나 이해하고 계십니까? 197
■ 5교시 쉬는시간 이것이 5교시 포인트 & 독서지도 · 독서토론 · 독서치료 201

6교시 미래탐구영역

| 대학보다 음악을 택하겠어요. | 정신 나갔니? 대학을 왜 안 가? |

문제 42   우리 아이가 공부는 잘하는데 대학교에 진학하지 않겠다고 합니다. 205
문제 43   우리 아이가 사회적 인식도 낮고 보수도 형편없는 직업을 선택하겠다고 합니다. 209
문제 44   텔레비전에 빠져 사는 우리 아이, 텔레비전을 어떻게 생각하십니까? 213
문제 45   우리 아이가 컴퓨터 장만할 돈을 마련하겠다며 건축공사장에서 일하겠다고 합니다. 217
문제 46   우리 아이가 아르바이트를 하겠다면 우선 무엇부터 따지십니까? 221
문제 47   다람쥐 쳇바퀴 돌듯 매일 반복되고 새로울 것 없는 이 현실을 어떻게 보십니까? 225
문제 48   살아가면서 아이가 힘든 일에 부딪힐 때 이겨내기를 원하십니까? 229
문제 49   우리 아이가 이번 방학 동안 꼭 했으면 좋겠다 싶은 것을 골라보세요. 233
문제 50   부모님이 정한 학원을 아이가 걸핏하면 빠지려고 합니다. 237

■ 6교시 청소시간 이것이 6교시 포인트 & 진로 · 직업 · 진학 정보 241

■ 가정통신   나의 부모자격시험 성적표   한효석   243

■ 종례시간   한걸음 옆에서   한효석   246

* 이 책을 더욱 재미있게 이용하시는 방법 *

♣ 풀이 방법

'부모자격시험문제'라는 재미있는 시험에 도전하신 여러분의 용기에 박수를 보내고 싶습니다. 이 문제들은 순서대로 풀어나가셔도 좋고, 가장 고민되는 영역부터 풀어나가셔도 좋습니다. 또한 차례를 훑어보시고, 가장 공감가는 문제부터 풀어보셔도 좋습니다. 한 문제를 푼 다음, 해설과 답을 보셔도 되지만, 일단 모든 문제에 답을 체크한 다음, 채점을 하시고 해설을 읽는 것이 좋습니다.

♣ 주의할 점

단, 주의하실 점은 정답으로 생각되는 것을 답으로 고르시는 게 아니라, 본인의 현실과 가장 유사한 것을 답으로 고르셔야 한다는 사실입니다. 이 시험은 100점 만점을 맞는 데 의의가 있는 것이 아니라, '내가 과연 부모 노릇을 제대로 하고 있는지' '내가 실천에 옮기고 있는 자녀 교육법이 과연 올바른 것인지' 한번 검증해보자는 데 의의가 있기 때문입니다.

♣ 채점 방법

부모자격시험문제는 총 50문항이며, 한 문제당 2점입니다. 정답을 체크해가며 문제를 모두 푼 다음, 정답과 일치하는 문제의 수에 2를 곱하십시오. 가능하면 연필로 표시하고 아내는 남편에게, 남편은 아내에게 권하셔서 함께 풀어보세요. 마지막 페이지에 점수에 따른 평가가 소개되어 있으니 참조하시기 바랍니다.

♣ 쉬는 시간

1교시에서 6교시까지 각 교시가 끝날 때마다 잠깐 쉬어가는 코너도 준비되어 있습니다. 영역별로 종합해서 꼭 잊지 말고 실천에 옮겨야 할 목록들을 간략하게 정리해 놓았지요. 또한 자녀 문제로 외부 도움이 필요할 경우, 참고하실 만한 단체의 웹사이트를 정리해 놓았습니다.

문제 01

아이들 문제로 꼬인 일이 많아 이제부터라도 다시 시작하려 합니다. 부모님께서는 지금까지 아이들에게 실수했던 부분을 어떻게 하시겠습니까?

- ① 잘못을 확실히 인정하고, 원점에서 다시 시작한다.
  '과거라는 부담을 덜고 싶어.'
- ② 과거는 과거고, 지금부터 다시 시작한다.
  '이미 엎지른 물을 어떡해. 과거로 가면 복잡해.'
- ③ 그때그때 봐가며 시작하게 되면 시작한다.
  '미안해도 할 수 없어. 모르는 척해야지.'
- ④ 그냥 넘어간다.
  '부모가 잘못하면 뭘 얼마나 잘못해. 저희들 위해서 하다보니 그렇게 된 걸.'

경제 침체로 삶이 어수선할수록, 사람들은 뭔가 산뜻한 것을 기대합니다. 그것이 잘 안 되면 새 달, 새 월요일을 맞이하면서 새 각오를 다지지요. 특히 연말이 되면 '내년에는 지금까지 꼬였던 부분이 술술 풀리면서 이것저것 많이 새로워질' 거라고 기대하며 희망에 부풀기도 합니다.

이렇게 사람들은 새 출발을 하게 될 때면 자연스럽게 지난날의 잘못을 반성하고, 새로운 날부터는 같은 실수를 반복하지 않으려 합니다. 그러나 잘못을 바로잡는 방법은 각자 주장하는 내용에 따라 달라지게 마련이지요.

어떤 사람은 잘못된 것을 근본적으로 바꿔야 한다고 하고, 어떤 사람은 부작용을 줄여가며 천천히 고쳐나가자고 하고, 또 어떤 사람은 과거사에는 아예 손대지 말고 앞으로나 잘하자고 주장합니다.

언젠가 분재하시는 분이 이런 말을 하더군요. 사람들이 처음 분재를 배울 때는 나뭇가지를 어떻게 잘라야 할지 몰라서, '이러면 되겠지' 하고 어림짐작으로 가위질을 한답니다. 그러다 오랜 시간이 지나 분재 요령을 터득하게 되면, 지금까지 제대로 하지 못했던 가위질이 부끄러워 집 안에 있는 화분들을 모두 내다버리고 싶어진다는 겁니다.

실제로 화분을 내다버리는 사람도 있지만, 어떤 사람은 그 동안 공들인 수고가 아까워 잘못 키운 나무를 어떻게 해서든지 다시 새로 다듬어 보려고 하지요. 그러다 보니 잘못 키운 원 가지에서 새 가지가 제대로 올라와도, 사람들은 대부분 있어왔던 것을 중심으로 생각하며 그 원 가지를 살리려고 제대로 잘 나온 가지를 또다시 자른다는 겁니다.

이 이야기를 읽고 뭔가 느끼시는 바가 있을 겁니다. 정치 문제든 아

이 문제든 근본적으로 잘못된 곳이 있을 때, 그 부분을 손대지 않고 그냥 놔두게 되면 그 뒤에 일어나는 일들은 제대로 풀리지 않습니다.

부모님이 아이들 문제로 사사건건 힘들어하는 것도 알고 보면 모든 일들이 잘못된 것이 아니라, 원칙적이고 본질적인 부분에서 아이들과 안 맞는 부분이 있어서 그런 것이지요. 그 본질적인 문제를 해결하지 못하고 변죽만 울리며 잔가지에만 매달리고 있는 겁니다.

그러니 화분을 내다버리지 않을 참이라면, 잘못 키운 가지를 솔직히 인정하여 지금이라도 그 부분을 잘라내고 새로 시작해야 합니다. 근본적인 문제에서 망설이지 않아야 장기적으로 부모나 자녀가 덜 힘들어집니다.

예를 들어 부모가 오늘날 젊은이를 이해하려 하지 않는 것이 갈등의 근본적인 원인인데도, '우리 집은 저애만 부모에게 순종하면 된다'는 식으로 겉으로 드러난 결과만 매달리기 쉽습니다. 다시 말해 어른들이 본질을 외면하면서, 작고 지엽적인 것들을 모두 아이들 탓으로 돌리는 경우가 많다는 것입니다.

답 1 연인들은 하루에도 몇 번이나 사랑한다고 고백합니다. 때로는 깜짝 이벤트를 만들어 사랑을 더욱 굳건히 하지요. 잘못을 인정할 때도 슬그머니 넘어가지 말고 이처럼 겉으로 표현하는 과정을 밟는 것이 좋습니다.

 02

'내가 없으면 우리 집안은 엉망이 될 것이다' 라고 생각하십니까?

- ☐ ① 생각해 본 적 없다.
- ☐ ② 어쩌다 그런 생각이 든다.
- ☐ ③ 자주 그런 생각이 든다.
- ☐ ④ 그런대로 굴러갈 것이다.
- ☐ ⑤ 더 잘 굴러갈 것이다.

얼마 전까지만 해도 우리 사회는 남성 중심의 사회였습니다. 그런데 아이엠에프 사태 이후 실질적으로 40~50대 남성 가장들이 무더기로 실직하자 남성 중심의 풍토가 상당히 바뀌었습니다. 예를 들어 호주제가 폐지되거나, 연상 여자와 결혼하는 남성이 늘어나는 것도 이런 세태를 단적으로 증명하는 것입니다.

과거에는 남자들이 집안 대소사를 주로 혼자 결정하고 책임졌습니다만, 이제는 집안일을 반드시 남자가 책임져야 할 필요가 없어진 것이지요. 사회가 성숙해지고 다양해지고 두 성이 조화를 이루어야만 사회가 발전한다는 것을 깨닫게 되면서, 집안일은 그 일을 제대로 판단할 수 있는 사람이 결정하면 되지, 남녀를 따질 필요가 없다는 것을 알게 된 셈입니다.

그런데도 여전히 옛날 식으로 행동하는 사람들이 많습니다. 남녀를 떠나 집안에서 누군가 한 사람이 전권을 휘두르며 전체 분위기를 휘어잡는 것입니다. 만약 그 사람이 할머니라면 그 할머니가 외출하여 집에 없을 때에는 다른 가족들은 만세를 부르며 한숨을 돌릴 것입니다.

그러나 한 가족이면서도 서로 떨어져 있어야만 마음이 편하다면, 뭔가 잘못되어도 크게 잘못된 것입니다. '엄한 할머니가 없을 때 다른 가족들이 자기 편한 대로 행동할 수 있으니까 그렇겠지' 하며 무심히 넘길 일이 아닙니다. 엄한 할머니가 있을 때는 다른 가족들이 쥐 죽은 듯 조용히 있다가, 그 할머니가 집에 없다고 해야 할 일을 안 해도 되는 것은 아닐 겁니다.

그런 집은 겉으로는 잘 돌아가는 것 같아도, 가족끼리 속마음을 숨기고 살기 때문에 집안에는 따뜻한 인정이 없고, 차가운 기운만 가득합니다. 그래서 막상 어떤 어려운 일에 부딪쳤는데, 그 엄한 할머니가 제대로 판단하지 못하게 되면, 일을 쉽게 해결할 방법을 찾지 못하게 됩니다.

현대는 변화가 심하고 세상일이 복잡하여 한 사람이 판단하고 결정

하는 데에는 한계가 있습니다. 그래서 아무래도 혼자 판단하는 것보다는 온 가족이 지혜를 모아 실천하는 것이 낫습니다. 그런데도 한 사람이 집안을 쥐고 흔들면 다른 가족들이 속마음을 털어놓지 않기 때문에 큰일이 벌어지면 제대로 되는 것이 하나도 없습니다.

알고 보면 가정에서 전권을 휘두르는 사람이 제일 불쌍한 사람입니다. 그런 사람들은 대개 가족들에게 외면당해 집안에서 일어나는 이런저런 일들을 자기 혼자만 모르고 삽니다. 또 자기 때문에 집안에 분란이 일어나고, 무슨 일이든지 자기 때문에 항상 두 파로 갈라진다는 것도 모릅니다.

그러니 지금 가족들과 상의하는 풍토를 만들어보는 것이 좋습니다. 더 이상 어머니 혼자 아이들 문제를 결정하지 마시고, 아버지 혼자 집안의 큰일을 판단하지 마세요. 하루라도 안 보이면 서로 궁금하고 보고 싶어야 가족이지, 누군가가 보이지 않아야 마음이 편하다면 가족이 아니라 애물단지입니다.

답 4 이런 분은 배우자와 아이들을 믿고 그 사람들의 몫을 준 사람입니다. ③을 선택한 사람은 독재 성향이 강하거나, 신경이 예민한 사람입니다. ⑤를 선택했다면 전혀 하는 일 없이 가족에게 오히려 짐이 되는 사람입니다.

문제 03

어느 텔레비전 프로그램에서 아름다운 전원 풍경을 보여줍니다. 우리 부부가 무심히 "저런 곳을 사 두면, 나중에 한몫 크게 잡을 텐데……." 하고 말했습니다. 그러자 우리 아이가 "그런 게 다 부동산 투기래요. 선생님이 그러면 안 된대요" 하며 대화에 끼어들었습니다. 뭐라고 대답하시겠습니까?

- ① 아무 말 안 한다(웃는다).
- ② 아, 그렇구나. 맞아.
- ③ 다 그런 거야.
- ④ 조용히 해. 네가 뭘 안다고 까불어.

요즘은 많은 부모님들이 아이들이 옛날 같지 않다고 하시며 어떻게 키워야 할지 답답해 하시더군요. 대개는 '학교나 선생님만 믿으니 무조건 '알아서' 지도해 달라' 고 하십니다. 그래도 '아직은 아이들이 부모의 말보다 선생님의 말씀을 잘 듣는다' 는 겁니다.

그렇지만 그게 그렇지 않습니다. 부모님 세대만 해도 중고등학교 시절, 선생님에게서 큰 영향을 받곤 했지요. 그때는 많이 배운 사람이 드물어 교사들이 많이 배운 지식인으로서 아이들에게 삶의 이치를 일러 줄 수 있었습니다.

그러나 지금은 많이 배운 분들도 흔하고, 아이들의 삶에 영향을 줄 만한 사람도 다양하여 교사가 아이들에게 미칠 수 있는 영향력이 크게 줄었습니다. 예를 들어 아이들의 삶에는 대중 가수나 야구 선수, 영화 배우, 컴퓨터 게이머, 백 댄서들이 더 큰 영향을 미칩니다.

더구나 요즘 아이들에게 교사란 인간적으로 다가가기 쉬운 대상이 아닙니다. 지금 체제로는 교사가 수업 외에 이런저런 이야기나 사람 사는 이치를 늘어놓을 새가 없습니다. 입시며 시험 때문에 교사는 밤낮없이 아이들에게 학습을 재촉해야 합니다. 물론 부모님들도 현실적으로 교사들에게 인성교육 한 시간보다 보충수업 열 시간을 더 원합니다.

교사나 학생 사이를 가로막고 있는 장벽이 이렇게 높은데 두 사람의 관계가 즐거울 수만은 없지요. 만나봤자 불편하니까 대부분 아이들이 교사를 가까이하려 하지 않습니다. 어쩔 수 없으니 멀리하지 않는 관계일 뿐이지요. 선생님 쪽에서는 특별한 일이 없으면 아이는 그저 반 아이들 중 한 명일 뿐입니다. 지금은 교사가 한 아이에게 그 이상 사랑과 관심을 쏟기가 어렵습니다.

이런 학교 형편에 비하면 가정은 아직도 가족들이 인간적으로 만나는 곳이라고 할 수 있지요. 그래서 가정이 튼튼하면 아이들이 건강하게 자랄 수 있습니다. 그러므로 가정에서 아이들을 제대로 잡아 주지 못하

면 학교에서 바로잡기가 어렵습니다. 학교에서 수많은 교사가 번갈아 수없이 반복해도 부모가 아이들 앞에서 보여준 행동 하나, 말 한 마디만 못할 때가 많습니다. 예를 들어 아버지가 텔레비전을 보며 '사람은 약삭빠르게 살아야 해'라고 했다던가, 어머니가 남몰래 담임교사에게 '돈봉투'를 건네줬다면 학교에서 가르친 것은 순식간에 물거품이 되어 버립니다. 그런 집 아이들은 무슨 일이 잘 안 된다 싶을 때면 부모님에게서 배운 대로 '약삭빠르게, 돈으로 해결'하려고 할 겁니다.

그러니 요즘 부모들이 아이 한둘을 키우며 어렵다고 하는 것은, 따지고 보면 요즘 부모들이 세상을 적당히 살고 있다는 뜻입니다. 아이들을 탓할 수가 없습니다. 부모의 삶에 기준이 없으니까 아이들도 세상을 대충대충 사는 것입니다. 부모가 자식들에게 세상을 살아가는 데 필요한 가치관을 제대로 일러주지 못하니까, 아이들도 결국 그런 부모의 한계를 뛰어넘지 못하는 것이지요.

그러니 아이들 앞에서 부모님이 먼저 올바르게 사셔야 합니다. 부모의 도리를 포기하고 언제까지 '선생님만 믿습니다!'라고 하시렵니까?

답 2 잘못한 것을 잘못했다고 하는 것은 부끄러운 일이 아닙니다. 잘못을 인정하십시오. 이치를 아는 어른이 세상을 대충 살면서, 미숙한 아이들이 실수하는 것을 나무랄 수는 없지요. ③처럼 대답했다면 부모가 세상을 기준 없이 사는 것이므로, 앞으로 아이도 그때그때 자기 편한 대로 판단하고 행동하게 됩니다. ④처럼 대답했다면 이 이후로 부모 자식 간 의사소통을 기대하기 어렵습니다.

문제 04

퇴근길에 아이에게 아이스크림을 사다주기로 했는데, 못 샀습니다. 그래서 내일은 꼭 사다주겠다고 다시 약속하였습니다. 그 다음날 퇴근하고 현관에 들어서는데 그때서야 아이와 약속한 것이 생각났습니다. 어떻게 하시겠습니까?

- ① 다시 미룬다.
- ② 되돌아 나가 아이스크림을 사온다.
- ③ 아이를 피한다.
- ④ 일찍 잔다.

어떤 사람과 약속한 것을 믿고 무슨 일을 시작했는데, 정작 그 사람이 약속을 지키지 않는 데다가 나중에 딴 소리까지 하면 정말 답답한 노릇입니다. 약속했던 것이 크면 클수록 상대방이 몹시 원망스럽습니다. 그래서 사람들은 대개 그런 사람을 '못 믿을 사람'으로 치고 다시는 상대하지 않습니다.

이런 것을 빗대어 어떤 철학자는 '말에 그 사람의 인격이 드러난다. 약속은 사람들의 영혼이 서로 만나는 것이다'라고 하였습니다. 이 말이 사실이라면 나중에 말을 바꾸는 사람은 이중 인격자이고, 영혼이 없는 사람인 셈입니다. 그러니 부모가 자식을 대할 때 이중 인격자가 되지 않으려면 약속을 꼭 지키셔야 합니다.

물론 안 되는 것은 끝내 안 되는 것이어야 합니다. 사회가 혼란스러울수록 부모 나름대로 아이들에게 '된다, 안 된다'를 뚜렷하게 그어주셔야 합니다. 아이들은 부모를 통해 사회 생활을 배우는데, 부모가 기준이 되지 못하면 어떤 기준에 따라 어떻게 행동해야 할지 몰라서 자기들 편한 대로 행동하게 됩니다.

그런데도 어떤 부모님은 '안 된다'고 아이에게 호통을 치다가도, 아이가 훌쩍거리면, 조금 있다가 '된다'로 바꿉니다. 예를 들어 아이들이 비싼 장난감을 사달라고 보챌 때, 좋은 말로 '안 된다'고 몇 번 타이르다가 나중에는 소리를 지르거나 매를 듭니다. 그리고 애를 때린 것이 미안하고 불쌍하니까 결국 그 장난감을 사줍니다. 그렇게 되면 아이들은 안 된다고 혼낸 것이 진짜인지, 나중에 장난감을 사준 것이 진짜인지 구별을 못하게 되지요.

그런 아이들은 필요한 것이 있을 때마다 자기도 모르게 부모를 힘들게 합니다. 부모를 화나게 하여 부모에게 맞기만 하면 부모가 사주리라는 것을 몸으로 익혀 알고 있기 때문입니다. 결국 기준 없이 그때그때 기분에 따라 행동하는 부모가 아이들을 나쁘게 만든 셈이지요.

그러므로 아이들이 지독하게 말을 안 듣는다 싶으면 부모님부터 아이들을 대하는 언행에 기준이 있었는지 돌이켜보아야 합니다. 어떤 기준을 부모님 자신에게는 관대하게 적용하고, 아이들에게는 엄격하게 적용했는지도 모릅니다. 어른인 자신도 실천하지 못하면서 아이들 앞에서는 아주 쉽게 말만 앞세웠을 겁니다. 술에 취했을 때는 '된다' 고 하다가, 그 다음날 제 정신이 들었을 때는 '안 된다' 고 했을 겁니다.

아이들이 저지른 일을 내 기분에 따라 평소와 달리 그냥 넘어가거나, 어떤 때는 반대로 아주 호되게 야단치지 않았습니까? 퇴근할 때 아이스크림을 사오겠다고 아이들과 약속한 것을 잊었습니까? 그렇다면 우리 아이는 영혼이 없는 부모 밑에서 자라는 셈이니, 그 아이가 인격자로 성숙하기를 기대하지 마십시오.

답 2 부모에 대한 믿음이 깨지기 전에 약속을 지키는 것이 좋습니다. 몇 번 어기다가 나중에 아이스크림을 사다 주어 보았자 아이는 그리 크게 고마워하지도 않고, 오히려 그 아이스크림을 보며 부모의 무심함을 탓할 겁니다.

문제 05

이번에 다른 곳으로 멀리 다녀오면 승진할 수 있는 기회가 돌아옵니다. 당신의 자녀는 중고생으로 사춘기와 입시 준비 등 아주 예민한 시기에 접어들었습니다. 어떻게 하시겠습니까?

- ① 파견 근무를 포기한다.
- ② 가족들을 다 데리고 간다.
- ③ 내가 먼저 가고, 얼마 뒤에 가족을 부른다.
- ④ 친구나 친척에게 가족을 부탁한다.
- ⑤ 소식을 자주 전하거나, 집에 자주 온다.
- ⑥ 상의하여 결정한다.

요즘같이 어려운 시절에는, 어떤 사람은 바짝 엎드려 있어야 한다고 하고, 어떤 사람은 정면으로 부딪쳐야 한다고 합니다. 전투로 비유하자면 한쪽에서는 참호 밖으로 나가면 죽기 쉽다는 것이고, 또 한쪽에서는 위험해도 밖으로 나가야 고지를 점령할 수 있다는 것이지요.

대부분의 기성 세대가 오늘날의 풍토를 힘들어하는 이유는 20세기에서 21세기로, 산업사회에서 정보사회로 넘어가면서 새롭게 등장하는 삶의 방식이 과거에는 전혀 겪어보지 못했던 것들이기 때문입니다. '그래도 그게 아닌데' 하는 부분까지 무너져 내리니까 선뜻 받아들이기 힘든 것이지요. 말하자면 평생 직장으로 여기고 성실하게 일을 하더라도 언젠가는 쫓겨날 수 있다는 것을 이해하지 못했던 것입니다.

이러니 오늘날 청소년들의 고민은 얼마나 더 크겠습니까? 세상을 다 안다고 생각하며 살아온 기성 세대들도 앞으로 살아갈 날을 암담하게 느끼며 하루에도 몇 번씩 놀라는데, 하물며 미성숙한 청소년들이 지금 뭐든 열심히만 하면 훗날 모든 것이 잘 풀릴 거라고 자신할 수 있겠습니까?

그러니 이제는 5년 전과 오늘날을, 또한 오늘날과 5년 뒤를 비교해보고 구체적으로 준비해야 하지 않나 싶습니다. 특히 우리 가족들이 지닌 역량을 어떻게, 어떤 쪽으로 모아야 할지를 짚어 보아야 할 때인 것 같습니다. 말하자면 앞서 비유한 대로 엎드릴 것이냐, 나갈 것이냐, 나간다면 누가 나갈 것이냐를 생각해 보자는 것이지요.

가족을 소홀히 하고 자신의 예술 세계에 몰두하는 예술가들은 대개 훌륭한 작품 수만큼이나 가족들의 고통이 크더군요. 가족의 역량이 그 예술 작품에 소모되기 때문입니다. 어떤 분은 취미에 빠져 잘 놀러가거나, 뭐든 잘 사모으면서 가족에 대한 투자는 인색합니다.

어떤 때는 가족들이 '그러려면 교회에 가서 살아라', '회사와 결혼해라' 라고 합니다. 당연한 봉사와 당연한 업무조차 그 정도를 넘어서면 가족들은 그 한계를 그으라고 가장에게 재촉합니다. 그만큼 감당하기 어렵다는 뜻이지요.

　말하자면 어느 부모가 쉰, 예순이 넘은 나이에 다시 큰 사업을 시작해보려고 한다든가, 여든이 되어서도 쉰 살 자식을 믿지 못한다면 가족의 역량을 효율적으로 모으지 못해 가정이 흔들리기 쉽다는 이야기입니다.

　이제는 아이가 혼자만의 노력으로 헤쳐나가기에는 너무 어렵고 복잡한 세상이 되었습니다. 그러니 미래를 예측하기 힘드시면 미덥지 못하더라도, 자식들에게 힘을 모아주시면 어떨까요? '나 아니면 안 된다'라고 하시지 말고, '우리 세대가 이쯤 했으면 됐지' 하는 기분으로 이제 접을 것은 접고, 나머지 역량은 자식들 길을 열어주는 데 쓰시지요.

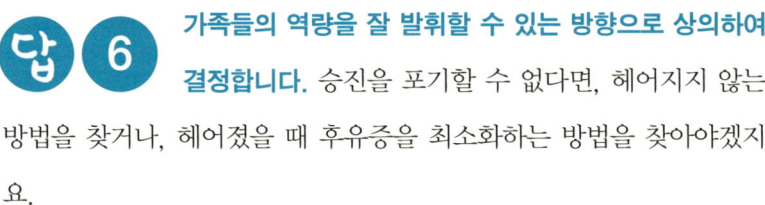

가족들의 역량을 잘 발휘할 수 있는 방향으로 상의하여 결정합니다. 승진을 포기할 수 없다면, 헤어지지 않는 방법을 찾거나, 헤어졌을 때 후유증을 최소화하는 방법을 찾아야겠지요.

문제 06

유치원에 다니는 다음 아이들 중에서 과연 천재라고 할 만한 아이는 누구일까요?

- ① 한글을 깨치더니 밤낮없이 책을 읽는 아이.
- ② 공기를 가르쳐줬더니 잘 할 때까지 밤새우며 연습하는 아이.
- ③ 어떤 대중가요든 리듬을 타고 쉽게 따라 부르는 아이.
- ④ 밖에서 친구들과 잘 어울리며 골목대장이 되는 아이.
- ⑤ 유치원에 있었던 일을 주절주절 말하기 좋아하는 아이.

어느 여자 분이 유아 교육을 전공하고 아동 심리를 익혔답니다. 그리고 결혼하여 아이를 낳고는 그 아이에게 학교에서 배운 여러 가지 교육 이론을 적용했습니다. 특히 조기교육의 힘을 믿고 일찍부터 아이에게 이것저것을 가르쳤습니다. 이런 다양한 경험을 통해 아이가 재능을 키워 크게 성공하기를 바랐습니다. 물론 이쪽으로 가면 좋겠다 싶어 어머니가 의도적으로 배우게 한 것도 많았습니다.

그런데 그 아이가 초등학교 3학년이 되던 해, 결국 어머니는 아이에게 항복을 하고 말았습니다. 아이가 부모 뜻대로 되지 않더랍니다. 그러면서 '교육 이론이란 누구에게나 반드시 적용되는 것이 아니다. 아이는 부모와 상관없이 저 혼자 자란다'고 하더군요. 그러면서 아이 어렸을 때 저 하고 싶어하는 대로 그냥 놔두고 함께 놀아줄 걸, 왜 그 어린애에게 영어 테이프를 틀어주었을까 하고 후회하더군요.

댁의 자녀는 어떻습니까? 참 귀엽고 똑똑하지요? 그러나 어린아이들이 어렸을 때 '신동(神童)' 소리를 듣는 것은 실제로 아주 똑똑해서가 아니라, 아이 하는 짓이 부모 눈에는 모두 신통하게 비치기 때문입니다. 옆 사람 창피한 줄도 모르고 제 아이를 끼고 쭉쭉 빨고, 아이한테서 잠시도 눈을 떼지 못하는 부모의 심리와 비슷합니다.

하지만 자식을 키우면서 욕심을 부리면 진실을 보지 못하게 됩니다. 더구나 자기 자녀가 모든 면에서 뛰어나기를 바라면 결국 부모와 자녀는 모두 상처를 받게 됩니다. 예를 들어 아이가 공부에는 재주가 없는데도 반드시 대학에 가야 한다고 고집을 부린다든가, 옆집 아이가 무슨 상이라도 받을라치면 공연히 우리 아이를 닦달하게 됩니다. 그러다가 부모가 기대하는 만큼 아이가 따라오지 못하면, 아이 탓을 하고 아이에게서 등을 돌리기도 합니다. 사실은 부모가 제 아이를 제대로 보지 못하는 것인데도 말입니다. 결국 혼자 짝사랑하다가 혼자 실망하는 격입니다.

그러니 자식을 예뻐하더라도 정도를 지나치면 안 됩니다. 아이를 키우는 일은 노름하는 것과 다르기 때문입니다. 노름이라는 것이 매번 돈을 딸 것 같지만 나중에 보면 모두 잃잖습니까? 아이를 키우며 아닌 것은 처음부터 아니라고 인정해야 헛수고를 하지 않습니다. 따라서 우리 아이가 굉장히 똑똑하리라는 환상에서 벗어나야 합니다.

우리 아이가 귀한 만큼 남의 아이도 귀하고, 아주 특별한 능력이 있는 것이 아니라 어느 면으로 조금 다른 것뿐이지요. 그리고 우리 아이는 천재로 태어난 것이 아니라, 역경을 딛고 천재가 될 수 있는 사람입니다. 오히려 오늘날에는 텔레비전을 하루라도 보지 않으면 그 다음날 당장 세상 돌아가는 일에 어두워질 만큼, 천부적인 것보다 외부 환경에 따라 성숙도가 달라집니다.

만약 아이가 천재라고 생각된다면 아이를 여러 사람 앞에 드러내 보이십시오. 많은 사람들이 '그놈, 보통이 아니네'라고 한다면 객관적으로 영재라 할 만하지만, 사람들 반응이 신통치 않다면 그 방면으로는 보통 수준의 아이일 뿐입니다.

그럴 때는 우리 아이가 그저 다양한 사람 중의 한 사람이라고 생각하고, 한 가지라도 제대로 하기를 바라셔야 합니다. 그래야만 아이들이 제 수준에 맞추어 자랄 수 있게 됩니다.

답 3 천재란 상대적으로 드문, 뛰어난 능력을 타고 나는 사람을 말합니다. 즉, 모차르트나 멘델스존처럼 가르쳐 주지 않아도 어릴 때부터 악기를 잘 다루고 뛰어난 음악을 작곡하는 사람들을 천재라고 하지요. 물론 천재가 아니었던 사람도 후천적으로 노력하기에 따라 보통 사람의 수준을 뛰어넘기도 합니다. 예를 들어 발명왕 에디슨은 열심히 노력해서 천재로 남은 사람이지요. 사람에 따라서는 그 남다른 능력이 뒤늦게 스무 살, 서른 살이 되어 나타날 수도 있습니다.

문제 07

명절날 고속도로에서 차가 밀려, 급한 마음에 갓길로 주행하였습니다. 그러자 뒤에 앉은 우리 아이가 "아빠, 다른 사람들이 욕해. 우리도 그냥 천천히 가자"라고 하였습니다. 어떻게 하시겠습니까?

- ① 오늘 하루만 봐줘. 모르는 척해.
- ② 어, 그래. 그러지 뭐.
- ③ 여보, 어떻게 할까?
- ④ 그렇게 고지식하여 이 험한 세상을 어떻게 사냐?

계절이 혹독해졌나 봅니다. 여름은 아주 무덥고, 겨울은 아주 춥습니다. 비가 왔다 하면 퍼붓고, 눈이 왔다 하면 사태가 납니다. 그래도 어김없이 계절은 바뀝니다. 가을이 오고 추석이 돌아오면 고향에 가서 부모님이며 친척 어른들을 뵙습니다. 고향이 북쪽이라서 가지 못하시는 분들은 휴전선 철조망 앞에서 고향 쪽을 바라보며 가슴앓이를 합니다.

언제 찾아가도 나를 감싸줄 고향이 있는 사람은 행복한 사람입니다. 그리고 그 고향에 나를 반겨줄 부모 형제가 있는 사람은 더욱 축복받은 사람입니다. 그런 이치대로라면 요즘 아이들이 마음을 잡지 못하고 방

황하는 것을 나무라서는 안 됩니다. 방황하는 아이들이야말로 오히려 동정받아야 합니다. 대개 그 아이들은 언제든지 자기를 감싸줄, 마음의 고향이나 부모형제가 없더군요.

　사회가 경쟁적으로 흘러 치열해질수록 인간적인 정을 더 그리워하잖습니까? 그래도 옛날 어른들은 아이들에게 정도 주고, 인생의 등불이 되어주셨지요. 그러나 요즘 아이들은 옛날 아이들만큼 정을 받지 못한 채, 삶의 지표로 삼을 만한 어른도 없이 자랍니다. 지금은 일이 잘 풀리지 않을 때 도와줄 사람도 전혀 없고, 지치고 힘들 때 감싸주는 사회가 아니라고 생각하기 쉽습니다. 그래서 사람 사는 기준도 갖추지 못한 채 자기가 옳다고 믿는 쪽으로 살다 보니 이리저리 방황할 수밖에 없지요.

　가족이라는 그늘에서 성장하는 아이들은 가족 중에 누구 하나라도 올곧게 나가는 사람이 있으면 그 사람을 삶의 기준으로 삼고 자라지요. 말하자면 엄마든, 할아버지든 흔들리지 않는 사람이 있으면 그 사람이 곧 그 집안의 기준이 됩니다.

　아이들은 그 기준을 상당히 부담스러워 해도 한편으로는 굉장히 든든해 합니다. 아버지가 하찮은 일을 마다하지 않고 묵묵히 일하는 것을 부끄러워하던 아이들도 철이 들면서 그런 아버지가 얼마나 자랑스러운지를 알게 되지요. 물론 그런 가족 안에서 자라는 아이들은 건강하게 성숙합니다. 어느 방송에 탤런트 부자가 출연하였습니다. 가족에 소홀한 것 같던 아버지였는데, 아들이 크면서 나중에 아버지의 사랑을 이해할 수 있었다고 고백했습니다.

　그러니 만약 어떤 부모가 돈이나 명예를 위해 원칙을 대수롭지 않게 여기고 있다면, 자식을 잃고 있는 겁니다. 즉 어떤 이기적인 목적을 위해 '그럴 수도 있지' 하고 생각하는 부모는 자식들이 망가지고 있다는 것을 아셔야 합니다. 아이들은 어떤 것이 원칙인지 모르기 때문이지요.

아니, 그 집 아이들은 무슨 수를 써서라도 잘 먹고 잘 사는 것을 기준이라고 생각할 겁니다. 불량스런 아이들을 보고 '누구를 닮아서 저 모양이냐?' 라고 말씀들 하시지만, 결국 그 아이는 그 집 어른들을 닮아서 그 모양인 셈이지요.

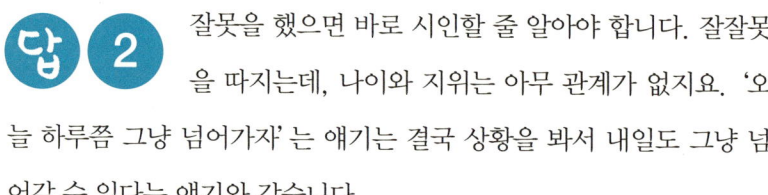 잘못을 했으면 바로 시인할 줄 알아야 합니다. 잘잘못을 따지는데, 나이와 지위는 아무 관계가 없지요. '오늘 하루쯤 그냥 넘어가자' 는 얘기는 결국 상황을 봐서 내일도 그냥 넘어갈 수 있다는 얘기와 같습니다.

실수를 하지 않는 것이 중요한 것이 아니라, 실수한 뒤에라도 어른답게 잘 수습할 줄 아는 것이 중요한 것입니다. 실수를 하고도 어른답지 못한 행동을 하니까, 젊은이들이 어른 알기를 우습게 압니다.

물론 어른이 젊은이에게 실수를 고백하려면 용기를 내야 하지만, 실수를 고백하면 용서를 받을 뿐만 아니라 존경도 받습니다. ③처럼 자기가 판단할 수 있는 것을 남에게 떠미는 것도 비겁한 짓입니다.

문제 08

부부 싸움을 한 뒤, 어떻게 하십니까?

- ① 상대방을 포기한다.
- ② 아이들을 시켜 화해를 시도한다.
- ③ 굽히지 않는다. 배 째라.
- ④ 꼴 보기 싫어 말 안 한다.
- ⑤ 문자 메시지, 메모지를 이용한다.
- ⑥ 음식이나 선물로 내 마음을 전한다.
- ⑦ 각 방 쓴다.

공원은 아이들 뛰노는 소리로 언제나 활기가 넘칩니다. 공원이 시끄럽다 싶어도 저녁때가 되면 아이들은 모두 집으로 돌아가고, 그 뒤를 이어 한 무리의 청소년들이 공원을 찾습니다.

그런데 세상 참 좋아졌다 싶을 정도로 이 청소년들의 태도가 당당하더군요. 비록 주변에 어른들이 없기는 합니다만, 남녀 학생들이 담배를 같이 나누어 피는가 하면, 어떤 학생들은 다른 친구들 앞에서도 거리낌 없이 서로 끌어안기도 합니다.

성에 대해 과거보다 훨씬 관대해진 사회가 되었다고는 해도 아직까지 우리 사회는 남녀 간에 지켜야 할 도리를 예민하게 받아들이는 편입니다. 예를 들어 불륜을 저지르거나, 툭하면 배우자에게 손찌검을 하는 사람들을 사회에서는 정상인으로 보지 않습니다.

그러므로 아이들에게 남녀 간의 도리를 제대로 일러주시려면 부모가 확실하게 모범을 보여주셔야 합니다. 가령 남자는 모두 흉물이니, 늑대니 하며 혹평을 하는 어머니가 아버지에게 지극히 헌신적이라면 그 집 아이는 그 사실을 어떻게 받아들여야 할지 혼란스러울 겁니다.

자칫하면 이런 이율배반적인 행동은 아이들에게 그대로 대물림되기 쉽습니다. 중2 때 이성과의 첫경험을 자랑스럽게 생각하는 아버지라면, 딸이 중2 때 이성과 첫경험 하는 것을 감내해야 할 겁니다. 또 어머니가 아버지에게 늘 매맞고 살았다면, 그 집 아이들은 때리지만 않으면 좋은 사람이라고 생각할 겁니다.

그리고 아버지가 생활비를 주지 않아 제대로 쓰지 못하고 살았다면, 그 집 아이는 훗날 돈을 많이 갖다 주고는 남편이 할 일을 다 한 것으로 여기겠지요. 큰일이라도 난 것처럼 부부가 대판 싸우다가, 금방 언제 그랬냐는 듯이 히히거리면 아이들은 그런 동물적인 태도를 남녀가 같이 사는 법으로 받아들이기 쉽습니다.

부모님이 서로 무시하고 아무렇게나 처신하니까 아이들도 부끄러운

줄 모르고 따라합니다. 어떤 부부는 서로 말을 함부로 한다든지, 칼을 들고 싸운다든지, 자기 주장만 앞세우느라고 상대방의 이야기를 듣지 않습니다.

이렇게 부부가 서로 믿지 못하고 상대방을 싸구려로 보니까 아이들도 그 수준에 따라 이 정도면 되었지 싶어 자신을 헐값에 내놓는 것이지요. 부부가 서로 함부로 대하다가도 기분에 따라 잘 대해 주는 것을 보면 아이들도 남녀 간의 도리를 그런 식으로 익히게 됩니다.

따라서 다른 친구들 앞에서 이성친구와 담배를 나눠 피거나, 끌어안고 있는 청소년들은 정상적인 가정에서 남녀 간의 도리를 제대로 배우고 자란 아이로 볼 수 없습니다. 진정으로 자기에게 귀하고 소중한 사람을 그런 식으로 여러 사람 앞에서 함부로 대하지 않는 법이니까요.

그러니 아이들에게 여러 가지로 충고하기 이전에 부모가 아이들 앞에서 상대방을 서로 존중하며 사셔야 합니다. 그래야 아이들이 남녀 간의 도리를 제대로 배울 수 있습니다.

답 ② ⑤ ⑥ 셋 중에 하나만 있어도 맞은 것으로 채점하세요. 말조차 하기 싫을 때, 말을 먼저 건네려는 사람이 진정한 어른입니다.

문제 09

다음은 부모가 이해해주지 않는 것으로 청소년들이 예시한 것입니다. 이 중 몇 가지나 해당되십니까?

- ① "7시까지 집에 들어와라" - "친구 생일날은 놀다가 늦을 수도 있잖아요?"
- ② "누구랑 놀지 마라" - "난 그 아이가 좋아요"
- ③ 아이가 이성과 전화 통화한다 - "옆에서 듣고 뭘 그렇게 꼬치꼬치 물으세요?"
- ④ 약 올리는 말투 - "차라리 딱 잘라 말씀하시지, 왜 비꼬아서 말씀하세요?"
- ⑤ 지난 잘못을 다 들춘다 - "지금 이 일만 가지고 이야기하세요."
- ⑥ "성적이 떨어졌으니 ~ 하지 말아라" - "성적이 나쁘면 사람도 아닌가요?"
- ⑦ "나는 그 어려움 속에서도 공부를 잘 했어" - "저는 (부모님과) 다르거든요."
- ⑧ "그렇게 열심히 뛴다고 누가 알아주냐?" - "제가 알아주지요. 즐겁거든요."
- ⑨ "그 애가 사는 아파트는 몇 평이니?" - "인격이 아파트 평수랑 무슨 상관이에요?"
- ⑩ "봉사활동 열심히 해봤자 득 될 게 없어" - "득이 되어야만 무슨 일을 하나요?"

학생들에게 '부모님이 여러분들에게 가장 불만스러워하는 것을 몇 개씩 적어보라'고 했습니다. 그랬더니 부모들의 불만이란 것이 남학생, 여학생 차이가 별로 없었습니다. 또 잘 살고, 못 살고에도 상관이 없었습니다. 많은 부모들은 공통적으로 '형제들과 사이좋게 지내라, 밥 잘 챙겨먹어라, 집에 일찍 들어와라, 전화 짧게 써라, 부지런하게 살아라, 정리정돈 잘해라' 따위를 바랐습니다.

어쩌면 이러한 것들은 시대나 지역에 상관없이 우리 부모들이 자녀들에게 기본적으로 요구하는 것들인지도 모릅니다. 그래서 얼핏 판단하기로는 아주 보편적이고 사소한 것들이어서 무리한 요구가 아닌 듯 싶습니다.

당사자인 아이들조차 이러한 요구를 아주 당연한 것으로 받아들이지만 실제로는 이 요구들을 잘 지키지 못합니다. 그래서 나중에 지키고 안 지키고에 상관없이 부모가 아이들에게 으레 하는 잔소리쯤으로 여기게 됩니다. 결국 시간이 흘러 이런 상태가 계속되면 아이들은 '사소한 일, 별 것 아닌 일로 부모님들이 항상 잔소리를 한다'며 불만을 털어놓게 됩니다.

그러나 이 요구들을 곰곰이 따져보면 어른들도 지속적으로 지켜나가기 어려운 것입니다. 가령 집에 일찍 들어오라는 기준도 사람에 따라 얼마든지 다르게 해석할 수 있습니다. '일찍'이라는 것이 시간적으로 오후 7시인지 8시인지도 불확실하고, 일이 있으면 늦게 들어올 수 있는 것인지, 그럴 때 늦게 들어간다고 전화를 하면 되는 것인지도 사람마다 다르게 해석할 수 있는 것이지요.

이렇듯 서로 어떤 사물이나 사건을 바라보는 기준의 차이가 아주 크다보니, 부모 자식 간에 말이 통하지 않는 겁니다. 말하자면 한쪽에서 '그까짓 것' 하는 것을, 또 다른 쪽에서는 '뭐가 그까짓 것이냐'고 따지는 식이지요.

오죽하면 어떤 분은 기성 세대와 젊은 세대를 구분하는 기준으로 소음 정도를 따지더군요. 시끄러운 데 익숙한 사람이 젊은 세대랍니다. 즉, 어른들이 조용한 곳에서 쉬는 것을 즐긴다면, 아이들은 놀이기구를 타고 소리를 지르고, 커다란 음악을 틀고 야단스러워야 즐기는 것으로 안다는 것이지요.

그러니 오래전 우리 부모님 때부터 해오던 것이라고 하더라도 그 잔소리가 과연 합리적이었는가를 되새겨 보아야 하지 않을까 싶습니다. 어쩌면 지금 부모 세대가 호롱불 밝히던 시절을 기억하며 한편으로는 컴퓨터도 익혀야 하니 모든 것이 낯설어서, 시끄러운 것보다 조용한 것을 택해 부모 위주로 정한 기준일지도 모르니까요.

만약 부모가 요구하는 기준이 너무 포괄적이었다면 '최소한 이 정도는 되어야지' 하는 기준에서 한 단계만 더 낮추어 보시면 어떨까 싶습니다. 말하자면 귀가 시간을 오후 7시가 아니라 오후 9시쯤으로 더 느긋하게 잡아보자는 겁니다. 아이들은 끊임없이 되뇌어야 말을 듣는다고 생각하지 말고, 화가 날수록 아이들을 한번 더 기다려 주시면 어떨까요.

이 중에서 다섯 개가 넘으면 틀린 것으로 채점하세요.
자녀와 의사소통이 불가능한 상태입니다.

1. 이제는 무엇이든 가족과 상의해서 결정하세요
바로 지금 가족과 상의하는 풍토를 만들어보세요. 더 이상 어머니 혼자 아이들 문제를 결정하지 마시고, 아버지 혼자 집안의 큰일을 판단하지 마세요.

2. 부모 삶에 올곧은 기준이 있어야 합니다
가족 중 누구 하나라도 올곧게 나가는 사람이 있으면 아이들은 그 사람을 삶의 기준으로 삼고 자라지요. 아이들은 그 기준을 상당히 부담스러워 해도 한편으로는 그 기준을 굉장히 든든해합니다.

3. 자녀와 약속한 것은 꼭 지켜주세요
부모가 자식을 대할 때 이중 인격자가 되지 않으려면 약속을 꼭 지켜야 합니다. 물론 안 되는 것은 끝내 안 되는 것이어야 합니다.

4. 부부 간에 서로 존중하며 사세요
부모가 아이들 앞에서 상대방을 서로 존중하며 사세요. 그래야 아이들이 남녀 간의 도리를 제대로 배울 수 있습니다.

5. 아이들에게 요구하는 기준을 한 단계만 낮춰주세요
부모가 요구하는 기준이 포괄적이었다면 '최소한 이 정도는 되어야지' 하는 기준에서 한 단계만 더 낮추어 보세요. 화가 날수록 한 번 더 아이들을 기다려주세요.

|쉬•는■시▲간| 자녀와 함께하는 문화나들이

박물관, 미술관, 과학관

가나아트센터 www.ganaartgallery.com
국립민속박물관 www.nfm.go.kr
국립서울과학관 www.ssm.go.kr
국립중앙박물관 www.museum.go.kr
국립현대미술관 www.moca.go.kr
농업박물관 museum.nonghyup.com
삼성어린이박물관 www.samsungkids.org
서대문자연사박물관 namu.sdm.go.kr
성곡미술관 www.sungkokmuseum.com
셀라뮤즈 자기박물관 02) 394-9876
암사동 선사주거지 02) 3426-3857
영월 곤충박물관 www.insectarium.co.kr
영월 책박물관 www.bookmuseum.co.kr
예술의 전당 www.sac.or.kr
옹기민속박물관 www.onggimuseum.org
우정박물관 www.postmuseum.go.kr
이천 목공교실 www.mini-camp.co.kr
일산 아이가있는풍경 www.finestudio.co.kr
전쟁기념관 www.warmemo.co.kr
짚풀생활사박물관 www.zipul.co.kr
파주 헤이리마을 www.heyri.net
한국만화박물관 www.comicsmuseum.org
한국미술박물관 www.koreanartmuseum.com
한국잡지박물관 www.kmpa.or.kr/museum
한국전통음식연구소 www.kfr.or.kr
호림박물관 www.horimmuseum.org

환경캠프, 문화유적답사, 체험학습

고사리 캠프 www.gosaricamp.com
그린아이의 환경투어 www.greeni.co.kr
백삼현의 바깥세상 www.outdoor119.co.kr
시영 상화의 여행이야기 sarangbang.pe.kr
신나는 학교 www.sinnaschool.com
숲을 보는 아이들 childrensmuseum.co.kr
아빌라와 잔느의 체험학습장 www.jeanne.co.kr
아빠와 추억만들기 www.schoolwithdaddy.com
에버교육여행 www.eduntour.co.kr
우리 문화유적 답사회 www.koreasurveyclub.com
우리모두 urimodu.new21.org
우리 아이 손잡고 떠나는 여행 www.kidstour.net
자연휴양림 예약정보서비스 www.huyang.go.kr
초록별 가족의 여행 www.sinnanda.com
캠프나라 www.campnara.net
코스가이드 www.cosguide.com
해솔이와 한솔이네 집 solsol.pe.kr
IT 월드 www.itworld.or.kr

문제 10

부모로서 당신은 아이를 학교에 왜 보냅니까?

- ① 학교를 나와야 꿀리지 않는다.
- ② 부모의 도리니까 학교에 보낸다.
- ③ 학교를 졸업해야 아이가 제가 하고 싶은 것을 쉽게 한다.
- ④ 가르쳐야 사람다운 사람이 된다.

학자들이 아이들을 교육하는 목적은 대개 다음과 같습니다. 첫째, 아이들이 다른 사람들과 어울려 사는 법을 배울 수 있도록 합니다. 둘째, 각자 지닌 소질을 발견해서 자신이 원하는 삶을 살 수 있도록 합니다. 셋째, 사회가 추구하는 가치관을 가르쳐 장차 그 사회의 문화를 이어갈 수 있도록 합니다.

그러므로 이 셋 중 어느 하나라도 소홀히 하면 아이들이 제대로 성장하지 못한다고 합니다. 가령 어떤 아이가 이것저것 재주는 많은데, 약한 아이를 괴롭힌다면, 어울려 사는 법을 제대로 배우지 못한 겁니다. 결국 왕따, 학교 폭력 문제는 학교 교육이 제자리를 잡지 못해 생긴 것입니다. 또 재계 고위층이 뇌물을 예사로 건네고, 많은 정치인들이 그런 뇌물을 당연히 받아먹는 것도 우리 사회에서 교육이 바로 서지 못한 탓입니다.

그런데도 요즘 일부 부모님들은 교육의 이런 목적에는 별 관심이 없는 듯합니다. 부모님 자신이 교육 목표를 세우고 무조건 아이들에게 따라오라고 명령합니다. 예를 들어 어떤 부모는 무조건 '영어, 수학'만 잘하면 된다고 하고, 어떤 부모는 딴 생각하지 말고 아이에게 '골프공'만 열심히 치라고 합니다.

아이들의 소질을 키워주어야 한다고 하면서도 결국 아이들의 소질과는 상관없이 진로를 결정하시더군요. 그리고 아직도 아이들이 의사나 판사가 되어야 성공하는 것으로 보고, 적어도 대학을 졸업해야 좋은 곳으로 시집간다고 믿습니다. 이런 부모들은 아이들을 제대로 교육하는 것이 아니라 어떻게 하면 부귀와 공명을 누릴 수 있을지 이리저리 머리를 굴리며 자식들에게 투자하고 있는 셈입니다.

그러면서도 말로는 '다 저희들 잘 되라고 뒷바라지한다'고 하십니다. 그렇게 '저희들 잘 되라고' 부모가 등골이 빠지도록 자식들 뒷바라지를 하는데도 그 아이들이 부모 고마운 줄을 왜 모를까요? 부모가 아이들을 제대로 교육하지 않고 투자만 했으니, 아이들 마음속에 제대로 된 가치관이 들어 있을 리 만무합니다. 그래서 설령 그 아이들이 세속적으로 성공한다 해도 사람의 도리가 무엇이고, 고마운 것이 무엇인지, 또 인간적 배려가 무엇인지 모르게 됩니다.

오히려 '내가 세속적으로 이만큼 잘 되어 부모님 소원을 풀어드렸다'고 생각합니다. '저희들이 잘나서' 다 잘 된 줄로만 알고 키워준 부모의 공을 우습게 압니다. 그리고 자기들이 추구하는 곳에 도달할 때까지 부모는 '계속, 당연히' 자신들을 뒷바라지해야 한다고 생각합니다. 부모, 자식이 아니라 동업자이기 때문입니다. '내가 잘 되기만 하면 부모님도 한몫 잡을 수 있습니다. 계속 투자하십시오' 하고 생각하는 판이니 그 아이들이 부모에게 고마워할 일이 뭐가 있겠습니까?

그런 아이들은 자식 된 도리로 부모를 대하는 것이 아니라, 내가 잘 되는 데 보탬이 되느냐, 안 되느냐로 부모의 가치를 평가합니다. 그래서 결국 나에게 쓸모가 없어지면 부모와 연락을 끊기도 하고, 심지어는 부모를 내다버리기도 하는 것입니다.

지금부터라도 아이들을 제대로 교육해야 합니다. 세속적으로 출세하는 것이 인생의 궁극적인 목적이 되어서는 안 됩니다. 사람 사는 가치를 '의사답게 사느냐?'에 놓아야지, '의사를 하고 있느냐?'에 놓아서는 안 됩니다.

답 4 나머지 세 개는 아이들이 부모와 싸울 때 공격하기 쉬운 것들입니다. 예를 들어 아이들은 '나, 학교에 안 다녀도 꿀리지 않아요. 그러니까 안 다닐 거예요' 하고 응수하기 쉽습니다.

문제 11

우리 아이가 학교에 적응하지 못해, 학교에 가려고 하지 않습니다. 어떻게 하시겠습니까?

- ① 내가 알아서 대처한다.
- ② 학교 담임교사와 상의한다.
- ③ 이웃 사람의 경험을 참고한다.
- ④ 직장 동료에게 고민을 털어놓는다.
- ⑤ 복지관 상담교사(학교 사회사업가)와 상의한다.

부모님들이 가끔 아이들 책을 보고 놀라시더군요. 하나도 모르겠다는 겁니다. 아침에 아이들 학습 준비물이라도 챙겨줄라치면 뭐가 그렇게 복잡한지 한숨부터 쉬는 부모도 많습니다. 지금은 맞벌이니 한 아이 가족이니 해서, 옛날처럼 서로 도와줄 시간이나 형제도 없습니다. 그래서인지 지금은 수학 따로, 영어 따로 하는 식으로 과목마다 과외 교사에게 학습 지도를 맡기는 것이 보편적인 생활이 되어버렸습니다.

옛날에는 많이 배운 사람이 드물어, 무엇이든 한 가지 재주라도 제대로 익히기만 하면 이리저리 응용해서 여러 모로 잘 써먹었는데 이제는 그게 안 통하는 겁니다. 자동차는 자동차대로, 텔레비전은 텔레비전대로 전문 기사에게 맡기지 않으면 안 됩니다.

그런데도 부모님들이 정작 아이 문제만큼은 전문가에게 맡기지 않으시더군요. 세상이 복잡해지고 삶이 다양해져 부모가 모든 것을 챙기지 못하는 세상이 되었는데, 아직도 아이 문제쯤은 내가 다룰 수 있다고 장담하십니다.

그래서 비전문가인 부모가 아이를 이리저리 뜯어보다가 거의 다 망가질 때가 되어서야 당황하여 전문가를 찾습니다. 이치야 간단한 것이지요. 무엇이든 처음 고장 났을 때 손을 봐야 수리가 쉽지 않던가요? 오늘날에는 부모 노릇도 생각처럼 그리 간단하지 않습니다.

다른 사람들이 부모님의 전문적인 업무 분야를 인정해주기를 바라신다면 교사나 의사도 자신의 분야에서는 전문가라는 것을 부모님도 인정해 주셔야 합니다.

물론 모든 의사가 다 노련하지는 못합니다. 어떤 때는 숙련되지 않은 의사 때문에 상처가 덧나기도 하지요. 그래도 한쪽에서는 좋은 교사

덕분에 아이가 달라졌다고 고마워하는 부모님도 많습니다.

설령 고치지는 못하더라도 어느 부분이 잘못되었는지 제대로 찾기만 해도 '명의' 소리를 들을 겁니다. 학교의 경우, 어느 교사가 챙기지 못하는 부분은 옆의 동료 교사가 챙겨주기도 합니다.

그러니 아이 문제도 전문가를 믿고 맡길 때는 맡기셔야 합니다. 아르바이트 하는 대학생 과외교사가 일러줄 수 있는 것도 있고, 신부나 목사가 일러주실 수 있는 것이 있듯이, 전문가는 전문가니까 또 잘 보는 것이 있습니다.

답 5 학교에 적응하지 못하는 부분은 그 학교 교사보다 상황을 객관적으로 볼 수 있는 전문가가 오히려 낫습니다. 그 학교 교사는 다른 학생들과 자기 학교의 처지도 생각해야 하므로 때로는 적극적으로 그 아이 편이 되어주지 못할 수도 있습니다.

문제 12

우리 아이가 새 학기에 학급 반장으로 뽑혔습니다. 학급 임원으로 뽑힌 다른 아이 엄마들이 담임교사에게 함께 인사하러 가자고 합니다. 어떻게 하시겠습니까?

- ① 거절한다.
- ② 점심식사 정도만 같이 한다.
- ③ 돈만 내고 참석하지 않는다.
- ④ 대표를 뽑아 돈을 걷어 전달한다.

요즘 세태가 많이 바뀌었는데도 아직도 일부 학교에서는 학부모들에게 '검은 돈'을 공공연하게 걷습니다. 말로는 나라에서 정한 규정에 따르는 것처럼 과정을 만들고 합법적인 것이라고 우기지만, 아이를 학교에 맡겨놓은 상태에서 대부분 학부모는 학교에서 요구하는 것을 거절하지 못합니다.

게다가 일부 학부모 대표 중에는 학교장이 시키는 대로 그렇게 돈 걷

어주는 것을 학부모의 도리로 여기는 사람이 있습니다. 그래야 학교가 발전하고 자식이 잘 되는 것으로 착각하여 떳떳하지 못한 일에 용감하게 앞장서는 것이지요.

나라 살림이 어려울 때 학부모들이 조금씩 성의를 모아서 학교 살림을 챙겨주던 시절이 있었습니다. 주로 책상이나 교실 커튼을 장만해주셨지요. 심지어 어떤 시골에서는 살림도 넉넉지 않으면서, 모두 조금씩 돈을 모아 땅을 사고 학교를 지어 나라에 기부하기도 했습니다.

그러나 이제 그런 방식은 정상적이지도 않고, 떳떳하게 쓰기도 어려우니 '비공식적으로' 돈을 걷으면 안 됩니다. 그래도 학교를 도와주고 싶으면 투명하게 돈을 내고, 학교는 투명하게 예산으로 잡아 떳떳하게 써야지요.

원래는 헌법에서 밝힌 대로 국민들은 교육받을 권리가 있으므로 교육에 대한 지원은 당연히 나라가 감당해야 합니다. 그런데도 나라에서 교육에 제대로 투자하지 않는다면 이제는 학부모들이 나서야 합니다. 일이 급할수록 원칙을 짚어나가야지요.

많은 사람들이 지금처럼 공교육이 황폐해진 적이 없었다고 주장합니다. 해방 이후 지금까지 무슨 진흥회니, 후원회니 해서 학부모들이 수없이 돈을 걷어 학교에 주었지만, 공교육을 '제대로 후원하여 제대로 진흥시킨 것' 같지는 않습니다.

그렇다면 이제부터라도 돈이 없으면 없는 대로 삽시다. 그리고 쓸데없이 지출되는 예산이 있는지를 찾아내서 제대로 쓰일 수 있도록 중앙 정부나 지방 자치단체를 감시합시다. 그런 예산이 있으면 교육 쪽에 좀 더 투자하도록 압력을 넣어야지요.

쉬쉬 하며 돈을 걷어주는 부모 밑에서 자라는 아이가 잘 되면 얼마나 잘 되겠습니까? 좋은 대학 나와 요직에 앉으면 출세한 것인지요? 그런 사람들은 나중에는 더 큰 것을 탐내며 부모에게서 배운 대로 그 높은 자리에서 '검은 돈'을 받아쓰다가 결국 신세를 망치게 될 것입니다. 그렇게 따지면 지금 일부 학부모 대표는 먼 훗날 자식 망칠 일에 돈 써가며 앞장서고 있는 셈이지요.

작은 것을 챙기려다가 큰 것을 잃기 쉽다는 말이 있습니다. 사슴을 쫓는 사람은 산을 보지 못한다는 말도 있지요. 부모의 잘못된 가치관으로 아이들의 미래를 망가뜨려서는 안 되겠습니다.

답 1 오늘날 학급반장의 임무라는 것은 교사를 보조하는 일입니다. 벼슬이 아닙니다. 교사가 오히려 좋은 반장 만난 것을 고마워해야지요. 다른 부모들이 담임교사를 만나러 가자는 목적이 눈도장을 찍기 위한 것이라면, 굳이 학기 초에 담임교사를 만나지 않는 것이 좋습니다. 학기 초는 담임교사가 교육자로서 자기 소신껏 학급을 운영할 때입니다.

다시 말해 1년 생활 기준을 학생들과 함께 만들어 나갈 때이지요. 그럴 때 아마추어인 여러 학부모들이 등장해서 '계산된 발언'을 슬쩍슬쩍 한마디씩 던지면, '돈봉투'가 아니더라도 담임교사의 교육 소신이 흐트러질 수 있습니다. 학기 초에는 전화로 담임교사에게 안부를 전하고, 함께 식사하는 일은 학급이 자리를 잡았다고 생각될 때까지 미루셔도 됩니다.

문제 13

아이 담임이 여자입니까, 남자입니까? 어디에 삽니까? 나이는 어느 정도입니까? 결혼했습니까? 아이는 몇이나 됩니까? 고향이 어디라고 합니까?

- ① 하나도 모른다.
- ② 거의 모른다.
- ③ 거의 안다.
- ④ 자세히 안다.

교사 시절, 우리 아이 담임에게 편지를 보낼 일이 있었는데, 아주 부담스러워 결국 그 편지를 쓰지 못했습니다. 같은 교사끼리도 이러했으니 일반 학부모들이 아이 담임에게 느끼는 부담감이란 두말할 필요도 없을 것입니다. 학부모들은 이런 부담과 더불어 우리 아이를 잘 봐달라는 기대를 섞어 무슨 때만 되면 담임교사에게 뭔가를 주려는 것 같습니다.

'아이 담임에게 선물을 해야 하나, 말아야 하나? 한다면 어느 정도 해야 할까? 남들이 다 같이 하는 날에는 해봤자 표도 안 나니까 다른 날에 할까?' 온갖 생각으로 머리가 어지럽습니다. 그러나 결론부터 말하자면 아이 담임에게 어떤 선물도 하지 않으셔도 됩니다. 담임에게 선물을 하는 것은 '뭔가 받았으니 아무래도 좀 낫겠지' 하면서 부모가 자기 마음 편하게 먹으려고 하는 행동일 뿐입니다.

아이를 사이에 놓고 담임에게 금품을 주는 것은 엄밀히 따지면 '뇌물'이지요. '선생님이 너무 고생하시는 것 같아서' 아무런 대가를 바라지 않고 주는 것이라고 우기는 부모님들은 다음 기준을 적용해 보세요.

첫째, 선물 내용과 횟수, 전달 방법을 우리 아이와 다른 사람들에게 공개할 수 있습니까? 둘째, 선물하는 것이 경제적으로 부담이 됩니까? 셋째, 물건을 받고 담임교사가 그 사실을 다른 사람들에게 당당하게 말할 수 있을까요?

이 중 어느 것 하나라도 자신이 없다면 그것은 '순수한 정성'이 아닙니다. 아이를 올바로 키우고 싶으시면 불의를 단호히 거절하고, 선생님을 진심으로 대해야 합니다. 부모가 무슨 일이든 돈으로 해결하려고 하는 것은 부모는 물론, 아이, 교사 모두를 망치게 하는 지름길이기 때문입니다. 아이는 아이대로 돈이면 된다는 식으로 부조리를 배우며, 교사는 교사대로 뇌물을 촌지라고 합리화하며 삽니다.

또한 만약 선물을 주지 않았다고 담임이 아이를 미워한다면, 그런 교

사에게서 우리 아이가 무엇을 배울 수 있겠습니까? 설령 담임이 우리 아이를 챙겨주지 않아 수업 시간에 우리 아이가 발표할 기회가 줄어들 거나 뒷자리에 앉는다 해도, 그것은 아이가 앞으로 겪게 될 삶의 작은 부분에 지나지 않습니다. 그리고 아이들은 담임이 부모한테 '돈봉투'를 받고 자기에게 친절하게 대하는 것을 다 압니다. 그 당시에는 모르더라도 나중에 알게 되면 부모와 교사에 대한 배신감으로 펄펄 뛰다가 그 뒤로는 남이 베푸는 호의를 무조건 의심하더군요.

그리고 당연히 해야 할 일도 모두 돈으로 따져 받으려 합니다. 당연한 일을 하면서도 부모한테 돈봉투를 받은 그 담임교사한테 배웠으니까요. 그런 아이는 부모, 자식 간의 도리도 돈으로만 해결하려 들 겁니다.

아이들이 어른이 하는 것을 믿지 못하고 입버릇처럼 '엄마, 이거 진짜야?' '선생님, 그거 정말이에요?' 라고 한다면 그 아이는 어른을 믿지 못하는 것입니다. 그러니 아이의 그런 말투를 탓하기 전에 어른들이 아이에게 불신을 키워준 것은 아닌지 부모님부터 반성해야 합니다.

답 2

담임에 대해 거의 모르는 것이 일반적인 부모님들의 모습입니다. 그런 부모님들은 먹고사는 일에 바빠 간혹 집안 일가의 경조사도 깜박 잊고 지나가기도 하지요. 담임교사에겐 그냥 그 정도로만 대하셔도 됩니다. 스승을 존경해야 한다느니 하며, 마음에도 없는 소리를 하지 않으셔도 됩니다.

오히려 부모와 담임 사이가 너무 가까워서 목욕탕에도 같이 가고, 돈도 꿔줄 정도가 되면 교사는 소신껏 교육하기가 어려워집니다. 교사의 교육 철학에 학부모의 요구가 섞이니까요.

문제 14

우리 아이가 담임교사(또는 학교)를 두고 불평을 합니다. 뭐라고 말씀하시겠습니까?

- ① "너 하기 나름이야. 더 노력해봐라. 선생님이 너를 미워하겠니?"
- ② "처음부터 만족할 수는 없어. 사람 사귀는 것은 아주 어려운 일이지."
- ③ "선생님한테 무슨 불평이 그리 많니."
- ④ "그렇게 못마땅하면 그만 둬."
- ⑤ 그러려니 한다.
- ⑥ "너 하는 행동을 보면 그나마 고맙게 생각해야 돼."
- ⑦ "오죽하면 그러시겠니? 너부터 잘 해라."
- ⑧ "할 수 없어. 그냥 받아들여. 세상 쉬운 게 없단다."
- ⑨ "선생님보다 친구에 의미를 두고 학교에 다녀."
- ⑩ "현실이 쌓여 미래가 되는 거야. 피하려고 하지 마."

불경기, 명예 퇴직, 비정규직 같은 소리에 사회 분위기가 착 가라앉았습니다. 각종 시험을 치르며 좌절하는 학생도 많아, 많은 집에서 웃음이 사라졌습니다. 어느 때인가는 어린이들이 암에 걸려 고통받는 모습을 텔레비전에서 자세히 보여주더군요. 우리 아이가 무슨 죄가 있다고 이런 몹쓸 병에 걸려야 하느냐는 한탄에 많은 부모들이 덩달아 가슴 아파했습니다.

요즈음은 즐거운 일이 없는 것 같습니다. 그리고 행복도 인플레 되어 사람들이 웬만한 것으로는 만족하지 않는 것 같습니다. 우리 집 형편으로 이 정도면 과분하다 싶어도 잘 사는 옆집에 비하면 아무것도 아닌 것 같지요. 학자들은 이런 현상을 '상대적 박탈감'이라고 설명하더군요. 특별히 이쪽에 무슨 일이 없어도, 잘 사는 다른 집과 비교했을 때 공연히 이쪽이 초라해보인다는 것이지요.

그러나 요즘같이 어려운 시절에는 '상대적 행복감'이라는 말이라도 만들어 위안받아야 할 것 같습니다. '그래, 암에 걸려 고통스럽게 사는 아이도 있는데 우리 애가 공부 좀 못하면 어때'라든가, '맞아, 젊은 사람이 하릴없이 쓰러지기도 하는데, 한 1년 재수하는 것도 나쁠 것은 없어' 하고 생각하자는 거지요.

뭐든지 마음먹기에 따라 같은 일도 달리 받아들일 수 있습니다. 똑같은 시간을 지나가는 줄도 모르게 재미있게 즐기는가 하면, 어떤 때는 1분을 1년으로 생각할 만큼 고통스럽게 보냅니다. 이렇게 마음의 여유를 잃게 되면 현대인은 앞만 보고 달리는 경주마가 되어 금방 지쳐버립니다. 목표가 확실히 정해져 있는 데다가 남보다 더 빨리 뛰어야 하는 여건 속에서 긴장을 늦추지 못하기 때문입니다.

그러므로 목표에 도달하기 전에 쓰러지지 않으려면, 때에 따라서는 좌우를 둘러보고 우리들이 서 있는 위치를 확인할 줄도 알아야 합니다. 긴 인생 살면서 돌다리 두드려보는 셈치고, 가끔 한 박자 쉬어가자는 거지요.

바람 부는 대로 풀이 흔들리듯, 지금 우리에게 닥친 어려움을 불평하지 말고 주어진 현실로 인정하는 것은 어떨지요. 약해 보이는 풀이 한 아름 굵은 나무보다 오히려 태풍을 더 잘 견뎌내는 이치를 응용해보자는 겁니다.

그러려면 우리 가족이 추구해야 할 행복의 기준을 현실적으로 좀더 낮추어 잡아야 할 겁니다. 기대가 작으면 작은 것에서도 기쁨과 행복을 찾을 수 있으니까요. 여유가 있어서 우리 집보다 더 어려운 이웃을 찾아 도와주실 수 있다면 더욱 좋겠지요.

답 10 우리 아이와 담임이 서로 맞지 않는 것이지요. 한 울타리에서 부딪치며 사는 방법을 아직도 터득하지 못하고 담임교사를 자기에게, 또는 자기를 담임교사에 맞추려는 것은 아닌지 살펴보아야.합니다.

문제 15

아이가 작년 담임교사에게 선물하겠다고 돈을 달라면 어떻게 하시겠습니까?

- ① 준다.
- ② 안 준다.
- ③ 작은 돈이면 준다.
- ④ 선물을 같이 사러 나간다.
- ⑤ 나중에 어른이 되면 선물하라고 한다.

해마다 3월이 되면 학교가 바빠집니다. 해가 바뀌고 석 달째에 접어들지만 학교나 학생은 3월이 되어서야 선생님과 친구들이 바뀌고 한 학년씩 올라가니, 진짜 새롭게 출발하는 기분이 되는 것이지요.

사제 관계든 친구 관계든 좋은 사람을 만나 유익하게 사귀는 것은 그야말로 큰 복입니다. 그런데 아이가 집에 와서 '어떤' 담임을 만났다고 이야기합니까? 올 선생님이 작년 선생님만 못하다고 하지는 않나요? 또는 이번에 같은 반이 된 친구들에 대해 불평을 하지는 않나요?

그럴 때일수록 부모님의 지혜가 필요하기 마련입니다. 인간 관계라는 것이 항상 좋을 수는 없지만, 새로 맺어진 인연을 두고 미리 어떠하리라고 단정할 필요는 없다고 일러주셔야 합니다. 알고 보면 나쁜 사람 없다는 것도 말씀해주시면 더욱 좋겠지요.

어른이나 아이나 변화를 두려워하게 마련입니다. 그래서 지금까지 불편했던 사람보다 새로 만나 익혀야 할 사람을 더 불편해 하는 것입니다. 말하자면 '구관이 명관'이라는 이야기가 아니라 불편한 대로 그 환경에 적응했는데, 환경이 바뀌는 바람에 모두 다 새로 익혀야 하니까 힘든 것입니다.

그러나 어떤 때는 정작 아이들보다 어른들이 '새 사람'에 대해 더 예민한 모습을 보이기도 합니다. 예를 들어 어떤 부모님은 새 담임이 '어떤 성향의 사람'인지 얼른 알아보려고 합니다. 물론 우리 아이가 새 담임과 앞으로 1년을 '무사히' 잘 지내야 하기 때문이겠지요.

그러나 부모님들이 인간 관계에서 그렇게 이해득실을 따져 상대방을 '촌지 10만 원짜리'로 평가하면, 그 담임은 우리 아이에게 1년 동안 '10만 원짜리' 교사일 뿐입니다. 아이도 부모님과 담임의 그런 관계를 잘 압니다. 그러니 더 이상 아이는 그 교사에게 배울 것이 없을 겁니다.

아이가 새 학교 친구와 새 담임을 불평할 때에는 차라리 지난 해 함께 생활하던 친구와 담임이 어떤 의미가 있었는지를 생각해보라고 하는 것도 좋습니다. 늘 함께하던 사람도 이해 관계에서 벗어나면 냉정하게 평가할 수 있으니까요.

아이가 옛 담임과 지내며 좋았던 추억을 많이 떠올린다면 아주 고마운 일입니다. 때로는 장점보다 단점이 더 커 그때까지도 미워하고 있을

지도 모릅니다. 그럴 때는 부모님이 아이에게 '인생이란 것이 모르면 모르는 채 그냥 넘어가기도 하는데, 너무 잘 알아서 오히려 불편할 때도 많다' 고 말씀해주셔야죠.

"같이 사는 며느리와 시부모 사이도 힘들단다. 항상 같이 있어서 이런저런 것을 서로 너무나 잘 알고 있기 때문이지. 그래서 가끔 찾아뵙고 시부모님께 용돈을 드리는 며느리가 칭찬받기 쉽지. 허물이 드러날 기회도 적을 뿐더러, 허물이 있다 해도 같이 생활하지 않으니까 절실히 다가오지 않거든."

사람들의 심리란 대개 새 학기에 새 물건, 새 사람한테 관심을 더 쏟기 쉽습니다. 그러니 부모님께서 나서서 지금까지 함께 해온 헌 물건, 헌 사람을 한번 챙겨보세요. 새로운 만남을 더욱 가치있게 하기 위해 새로 출발하는 때일수록 묵은 인연이 주는 의미를 되새겨보자는 것이지요. 굳은 땅에 물이 고인다고나 할까요.

답 1 4 둘 중 하나만 있어도 맞은 것으로 채점하세요. 아이가 요구하면 용돈을 주세요. 너무 큰 선물 같으면, 받는 분이 부담스럽지 않고, 받아서 기쁜 것이어야 한다고 조언해 주세요. 그래도 아이가 고집하면 달라는 대로 주세요. 그만큼 큰 선물을 주고 싶은 분이었을 겁니다. 같이 선물을 사러 나가도, 최종 판단은 아이가 하도록 배려해 주세요. 선물을 이리저리 생각해보고 선택하는 것도 사회 생활을 익히는 것이니까요.

문제 16

아이들이 친구를 심하게 때리는 교사를 폭력 교사라며 경찰서에 신고하였습니다.

- ① 그럴 수 있다 - 오죽하면 그랬겠어.
- ② 그럴 수 없다 - 암만 그래도 그렇지.

사회 여기저기에서 들려오는 우울한 소식에 많은 분들이 한숨만 내쉽니다. 어쩌다 우리가 이 모양이 되었냐고도 하십니다. 어떤 사람은 대통령을 탓하기도 하고, 어떤 사람은 한국 국민성을 꼬집기도 합니다. 그러나 따지고 보면 사람 사는 일은 어느 누구도 혼자 책임질 수 있는 일이 아닙니다. 어떤 결과는 그 사회 구성원이 세상을 대처한 수준을 반영한 것일 테니까요. 즉, 알고 보면 모두 필연인 것이지요.

누군가 쓰러진 기업체들을 분석해 보니 공통점이 있더랍니다. 사업이 너무 방만했다든지 빚이 엄청나게 크더라는 식이죠. 한마디로 말해 사업자가 기업의 방향을 합리적으로 판단한 것이 아니라, 자신의 본능에 따라 고독하게 결정하는 것을 '경영하는 것'으로 착각해온 셈입니다.

그래도 국가나 기업이 부도가 날 때까지는 시간 여유가 있어 개선할 만한 여지가 있습니다. 깨어있는 사람들은 예상되는 결과를 여러 사람들에게 부지런히 경고하기도 하고, 지도자와 국민의 각성을 촉구하기도 합니다.

그러나 청소년 문제만큼은 시간 여유가 없습니다. 부모가 합리성을 잃고 본능적으로 대하면 아이들은 순식간에 어떤 틀로 고정됩니다. 예를 들어 부모에게 자주 맞는 아이는 폭력의 공포를 잘 알기 때문에 그런 방식으로 상대방을 제압하는 법을 맞으면서 몸으로 익히고 있는 셈이지요. 그리고 어느 순간 기회가 되면 그런 폭력을 다른 사람에게 적용하려고 합니다.

또 부모가 몰래 자기 가방을 뒤지는 사실을 알면 그 과정에서 아이들은 불만, 분노, 체념, 좌절, 학대를 배웁니다. 그리고 정서적으로 차가운 사람이 되어 틈만 나면 상대방을 공격하고 파괴하려고 합니다. 설령

 상대방이 부모일지라도 이때다 싶으면 고집을 부리고, 대들고 떼를 쓰며, 너도 당해보라는 듯이 타협을 거부합니다. 아이들은 그만큼 예민합니다. 요즘 청소년들이 거친 것도 사회 자체가 청소년들을 이런 식으로 늘 억압하고 감시해온 탓이라고 할 수 있습니다.

 그러니 사회가 바뀌면 바뀐 틀에 따라, 기성 세대가 잘못했으면 잘못했다고 인정하고 과감하게 과거의 낡은 틀에서 벗어나야 합니다. 물론 교육 방식도 획기적으로 바뀌어야 합니다. 그런데도 기성 세대들은 뭐가 좀 어렵다 싶으면 옛날이 좋았다며 옛날 방식으로 돌려놓는 식으로 대처했습니다. 아이들이 탈선한다고 교복을 입히자고 하고, 허영심에 빠지지 않게 머리를 짧게 자르자고 합니다. 21세기 정보화 시대에 살면서 아이들을 19세기 농경사회 방식으로 가르칩니다.

 어른이 구태의연하면 청소년들도 그 수준을 뛰어넘지 못합니다. 성인인 부모와 교사와 정치인들이 위선과 기만 속에 살면서, 청소년들에게 올바로 성장하라고 요구하는 것은 무리입니다. 예를 들어 오늘날

10~20대 여성들이 도덕적으로 타락하였다면, 그만큼 30~40대 남성들이 술집에서 젊은 여자를 찾았다는 뜻이지요.

모든 사람들이 지금 우리 사회가 놓인 현실, 청소년 문제를 위기로 느낀다면, 우리 사회가 나아가야 할 방향이 지금과 같은 방식으로는 안 된다는 것을 공감한 셈입니다. 그러니 이제는 어떤 것을 버리고 어떤 것을 지녀야 할지 논의하고 선택한 뒤, 그 길로 나아가야 합니다. 위기가 기회이기도 하지요.

과거가 쌓여 오늘로 드러나고 내일이 결정된다는 것을 잊지 맙시다. 부모와 만나 이야기하는 시간이 하루 중 1~2시간뿐인데도, 하루 스트레스의 90%를 그때 다 받는 것 같다는 청소년들이 많습니다. 사회와 가정이 어려울수록 기성 세대가 어떻게 처신해야 아이들 앞에서 부끄럽지 않을 것인지를 진지하게 고민해야 합니다.

답 1 '오죽하면'이라는 말 속에는 그 학교의 수많은 교사들 중에서 아이들이 믿고, 어려운 일을 같이 논의할 교사가 한 사람도 없었다는 뜻이 담겨 있지요. 즉, 아이들은 문제가 내부에서 해결될 가능성이 없다고 판단하여, 외부로 눈을 돌린 것입니다.

문제 17

우리 아이가 학교에서 친구와 싸웠는데, 옷이 찢어진 상태로 코피를 흘리며 집에 돌아왔습니다. 무슨 말을 먼저 하시겠습니까?

- ① 왜 싸웠냐?
- ② 넌 바보같이 맞고 다니냐?
- ③ 맞는 쪽이 차라리 뱃속 편하다.
- ④ 그 애가 누구냐? 그냥 놔두지 않겠다.

해마다 설날과 추석이면 '민족의 이동'이 되풀이됩니다. 열 몇 시간을 고속도로에 쏟고 고향에 도착하여 한 이틀 머물다가, 다시 고속도로에 열 몇 시간을 쏟고 생활 터전으로 돌아옵니다. 그렇게 고생을 해도 고향에 다녀오면 왠지 든든합니다. 옛날에 우리가 자라던 고향 같지는 않아도 역시 고향 인심은 푸근합니다.

옛날 시골에서는 큰 애, 작은 애 할 것 없이 다 함께 어울려 놀았습니다. 큰 아이는 큰 아이 몫을 하고, 작은 아이는 작은 아이대로 제 몫이 있습니다. 나이가 많아도 지능이 떨어지는 아이도 있지만 그 아이는 그 아이대로 제 몫이 있지요. 심지어 강아지, 송아지도 함께 어울려 노는 데 한 몫을 합니다.

시골에서는 주로 농사를 짓기 때문에 대자연의 순리가 사람을 지배합니다. 아이들이 모여 편싸움을 하다가도 소나기가 쏟아지면 싸움을 끝냅니다. 그리고 이내 서로 손잡고 무지개를 보다가, 개울로 달려가 넘실대는 물줄기를 구경하였습니다.

말하자면 삶의 커다란 줄기는 대자연이었지, 사람이 아니었습니다. 그래서 대자연 속에서 시골 사람들은 잘나면 잘난 대로, 못나면 못난 대로 이웃과 서로 의지하며 운명 공동체로 살았던 것입니다.

이에 비해 도시 문명은 농사일이 본업이 아니며, 오히려 대자연의 순리를 극복하려는 데서 비롯됩니다. 하나에서 열까지 사람들이 일구어 낸 터전이어서 사람들이 만든 기준이나 가치관이 주인 행세를 합니다. 그런 탓인지 사람들 놀이도 개인적인 것이 많으며, 소나기가 도시 아이들 생활에 큰 영향을 주지도 못합니다.

그래서 어떤 때는 도시 문명이 한없이 편리한 것 같지만, 그 편리함 못지않게 위협적이고 공격적입니다. 사람들이 대자연의 순리보다 사람들끼리 정한 약속을 지키며 살고, 그 기준에 따라 사람들이 도시 생활에서 떨려나지 않으려고 서로 치열하게 경쟁하기 때문입니다.

상대방을 밀어내다 보니 강자와 약자가 생겨납니다. 그리고 약한 사람일수록 도시를 냉정하고 삭막하게 느낍니다. 명절날 도시 사람들이 그 고생을 하며 고향에 가고 부모를 뵙는 것도 잠깐 동안이나마 삭막한 경쟁에서 벗어나, 지친 심신을 충전하려는 몸부림인 셈이지요.

그렇게 보면 요즘 아이들은 아주 불쌍하지요. 친구들끼리 서로 경쟁하면서 도시 문명이 제시하는 기준을 날마다 넘어야 합니다. 항상 최고, 최대를 추구해야 하니 아이들이 공격적이고 충동적으로 변할 수밖에 없습니다. 어떤 때는 친구 잘되는 것을 속상해 하기도 하고, 나보다 약하다 싶으면 그냥 놔두지 않고 집적댑니다.

그런데도 어른들은 '두레, 풍물' 같은 우리의 공동체 문화를 못나고 부끄러운 것으로 여겨 멀리해 왔고, '롤러브레이드, 킥보드' 같은 개인적인 문화를 세련된 것인양 아이들에게 가르쳐 왔습니다.

원래 '빨리 빨리' 나 '자기 잘난 맛' 은 참다운 우리네 모습이 아니었습니다. 그리고 경쟁에서 궁극적인 승리자는 없으니, '더불어 사는 법'을 일러주어야 도시에서 살 수밖에 없는 우리 아이들이 도시에서도 사람 냄새를 맡게 될 것입니다. 개인주의가 발달한 선진국 시민 사회가 이웃 간 유대를 다지며 시민 운동을 활성화하는 것도 결국 더불어 살아야 사람답게 살 수 있다는 것을 깨달은 결과입니다.

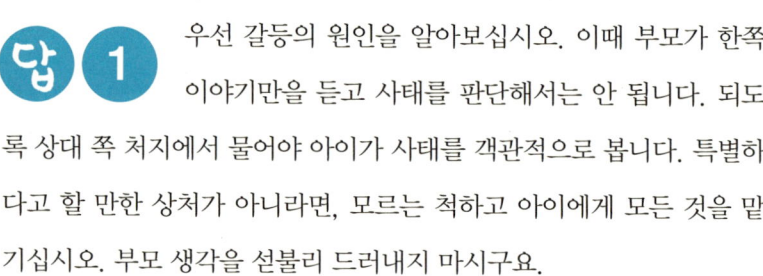

우선 갈등의 원인을 알아보십시오. 이때 부모가 한쪽 이야기만을 듣고 사태를 판단해서는 안 됩니다. 되도록 상대 쪽 처지에서 물어야 아이가 사태를 객관적으로 봅니다. 특별하다고 할 만한 상처가 아니라면, 모르는 척하고 아이에게 모든 것을 맡기십시오. 부모 생각을 섣불리 드러내지 마시구요.

1. 아이 문제는 아이 전문가에게
부모가 모든 것을 챙기지 못하는 세상이 되었는데, 아직도 아이는 내가 다룰 수 있다고 장담하십니다. 비전문가인 부모가 아이를 이리저리 뜯어보다가 거의 다 망가질 때가 되어서야 당황하여 전문가를 찾습니다. 문제가 있으면 그때그때 전문가와 상담하세요.

2. 담임교사에 대해서는 잘 모르셔도 좋습니다
담임에 대해 거의 모르는 것이 일반적인 부모의 모습입니다. 그런 부모들은 먹고사는 일에 바빠 간혹 집안 일가의 경조사도 깜박 잊고 넘어가지요. 담임을 그렇게 대하셔도 됩니다.

3. 지난 해 친구와 담임의 의미를 되새기게 해주세요
아이들이 새 학교 친구와 새 담임에 대해 불평할 때는 지난 해 함께 생활했던 친구와 담임이 아이에게 어떤 의미가 있었는지 생각해보는 것도 좋습니다. 늘 함께하던 사람도 이해 관계에서 벗어나면 냉정하게 평가할 수 있으니까요.

4. 아이 가방을 몰래 뒤지지 않도록 하세요
부모가 몰래 자기 가방을 뒤지는 사실을 알면 그 과정에서 아이들은 불만, 분노, 체념, 좌절, 학대를 배웁니다. 그리고 정서적으로 차가운 사람이 되어 틈만 나면 상대방을 공격하고 파괴하려고 합니다.

5. 친구와 싸운 아이, 일단은 아이에게 맡겨보세요
아이가 친구와 싸웠다면, 우선 갈등의 원인을 알아보세요. 한쪽 이야기만 듣고 사태를 판단해서는 안 됩니다. 되도록 상대 쪽 처지에서 물어야 아이가 사태를 객관적으로 봅니다. 상처가 심하지 않다면, 모르는 척하고 아이에게 모든 것을 맡기십시오.

| 쉬●는■시▲간 | 전 국   초·중·고   대 안 학 교

대안 초등학교

서울 산어린이학교 san.gongdong.or.kr
서울 성미산학교 www.sungmisan.net
서울 삼각산 재미난 학교 sjaeminan.org
서울 참좋은기초학교 www.chamjoeun.net
고양 고양자유학교 www.jayuschool.org
광명 구름산초등학교 www.gurmsan.net
광명 볍씨학교 byeopssi.org
과천 물이랑작은학교 home.freechal.com/mmooll
과천 무지개학교 www.moojigae.or.kr
과천 과천자유학교 gcfreeschool.x-y.net
나주 빛고을 학교 bit-school.or.kr
대전 참,됨,결이 아름답게 꽃피는 학교
www.peaceflower.org/daejeon_grade/home.htm
서산 꿈의학교 www.dreamschool.or.kr
수원 수원칠보산자유학교
home.freechal.com/suwondaean
순천 평화학교 www.scpeace.or.kr
안양 벼리학교 www.byuri.org
영동 자유학교 물꼬 www.freeschool.or.kr
울산 영남 전인학교 cafe.naver.com/0to100yjs.cafe
의왕 온뜻학교 cafe.naver.com/ondd.cafe
의정부 꿈틀자유학교 www.ggumtle.or.kr
이천 맑은샘 솟는 학교 www.eduspring.or.kr
제주 문화교육들살이 dulsari.ez.ro
파주 자연을 닮은 아이들의 자유학교
www.jajaschool.net
포천 어린이학교 www.sarangbang.org
하남 참,됨,결이 아름답게 꽃피는 학교
www.peaceflower.org/hanam_grade/home.htm
하남 푸른숲학교 www.gforest.or.kr

대안 중학교

서울 성미산 학교 www.sungmisan.net
강화도 마리학교 www.mari.or.kr
김제 지평선중학교 jipyeongseon.ms.kr
남양주 산돌학교 www.sundol.or.kr
남원 실상사 작은학교 www.jakeun.org
보성 용정중학교 yongjeong.ms.kr
영광 성지송학중학교 sjsh.ms.kr
용인 헌산중학교 www.hensan.ms.kr
제천 간디청소년학교 www.gandhischool.org
화성 두레자연중학교 www.doorae.ms.kr

대안 고등학교

서울 꿈타래 학교 www.dreamkey.sc.kr
강화도 산마을고등학교 www.sanmaeul.org
경주 화랑고등학교 www.hwarang.hs.kr
광주 동명고등학교 www.kdm.hs.kr
군위 간디자유학교 gandhifree.net
담양 한빛고등학교 www.hanbitschool.net
무주 푸른꿈고등학교 www.purunkum.hs.kr
부산 지구촌고등학교 www.glovillhigh.org
산청 간디고등학교 gandhischool.net
서천 공동체비전고등학교 vision.hs.kr
성남 이우고등학교 www.2woo.net
수원 대명고등학교 www.daemyoung.hs.kr
영광 영산성지고등학교 yssj.hs.kr
완주 세인고등학교 www.seine.hs.kr
천안 한마음고등학교 hanmaeum.hs.kr
청원 양업고등학교 yangeob.hs.kr
합천 원경고등학교 www.wonkyung.hs.kr
홍성 풀무농업고등기술학교 www.poolmoo.or.kr
화성 두레자연고등학교 www.doorae.hs.kr

문제 18

눈이 펑펑 오는 날에 우리 아이가 학교에서 수업을 끝내고 돌아올 시간이 훨씬 넘었는데 돌아오지 않습니다. 휴대폰으로도 연락이 되지 않았는데, 아이가 눈에 옷이 흠뻑 젖어 들어옵니다. 무슨 생각이 드십니까? (예 : 눈 때문에 차가 오지 않아 걸어왔나?)

어느 사회 단체의 조사결과를 보니 남녀가 부부로 살면서 가장 괴로운 일로 서로 이해하지 못하는 것을 으뜸으로 꼽더군요. 다시 말해 많

은 부부들이 한 지붕 아래, 한 이불을 덮고 살면서도 서로 잘 모르고 산다는 말입니다.

어떤 사람은 상대방을 아주 잘 알고 있다고 하는데, 나중에 보면 대개는 상대방을 자기 기준에 맞추어 자기 식대로 생각하고 적당히 넘어간 것에 지나지 않더군요. 예를 들어 누가 좀 거칠게 굴어도 '저 사람이 오죽하면 저러겠냐?' 며 자기 나름대로 이해해 줍니다. '당신이 그러는 이유를 내가 다 안다' 는 식이지요. 그러나 끝에 가면 '알고 보니 그게 아니었더라' 는 겁니다. 즉, 그 사람은 그 문제를 이해하고 행동했던 것이 아니라 자기 식대로 오해를 하고 있었던 셈입니다.

오해를 없애려면 상대방이 무슨 생각을 하는지 알아야겠지요. 그러므로 상대방이 말하기 전에 알아서 이해해 주는 것보다 차라리 서로 불만을 털어놓고 오해를 푸는 것이 인간 관계를 더 확실하게 맺는 방법일 겁니다.

옛어른들도 '알고 보면 나쁜 사람 없다' 고 말씀하시지 않았습니까? 자주 만나 대화하면서 상대방의 생각을 진심으로 알려고 노력한다면 오해가 있을 수 없지요. 말하자면 상대방을 이해하지 못하거나 못마땅해하는 것은 그 동안 서로 부딪쳐 대화하려고 하지 않았다는 이야기입니다.

많은 사람들이 이와 같은 사실을 잘 알면서도 자기 쪽에서 먼저 시도하려 하지 않고, 상대방이 접근해오기만을 바라더군요. 특히 힘을 가진 쪽이 더욱 그렇습니다. 예를 들어 사회적 강자로 볼 수 있는 남성, 기성세대, 집안 어른, 관료, 사용자들로서는 상대방이 이해를 하든지 오해를 하든지 자신은 답답할 것 없다는 식으로 행동합니다.

이렇게 되면 인간 관계를 개선하기가 아주 어렵고, 궁극적으로는 서로에게 큰 상처를 주게 됩니다. 오해가 쌓이면 상대방이 미워지고 적대감이 들게 되니까요.

그러니 두 사람의 관계에서 가정, 직장, 국가 간의 관계에 이르기까지 상대방을 자기 식대로 이해하려 하지 않아야 서로 행복해지리라 싶습니다. 물론 힘있는 쪽에서 먼저 마음을 열고 대화를 시도해야 효과가 클 겁니다. 그러니 이제부터는 '내가 다 알아서 해주는데'라거나 '내가 그 마음을 다 아는데'라고 생각지 마시고, 상대방의 솔직한 불만에 귀를 기울여 보시지요.

답 다 맞은 것으로 채점하세요. 무슨 생각을 하셨든 아이에게 물어서 사실을 확인해 보아야 정확히 알 수 있지요. 다음은 어느 학생이 쓴 글입니다. 참고하시기 바랍니다.

'눈이 펑펑 오던 날, 학교에서 수업이 끝나고 친구들과 눈싸움을 하다가 집에 늦게 들어갔다. 엄마는 내가 학원에 갔다가 차가 제때 오지 않아서 늦게 온 것으로 생각하셨다. 추운데 저녁 늦게까지 놀아서 감기에 걸렸다. 다음날 아침, 엄마는 추운데 버스 기다리지 말고 택시 타고 오라며 내게 3천 원을 주셨다. 정말 죄송했다.'

문제 19

우리 아이의 욕하는 말버릇을 고쳐주기 위해 우선 시도해볼 만한 것은?

- ① 욕하는 이유를 물어본다.
- ② 아이보다 일부러 욕을 더 한다.
- ③ 못 들은 척하였다가, 나중에 혼내준다.
- ④ 일정 기간 욕하지 않으면 용돈을 올려준다.

아이들 중에는 더러 욕을 잘 하는 아이가 있습니다. 그 원인을 찾자면 여러 가지가 있겠으나, 그런 아이들은 대개 부모나 형제, 교사와 같이 자기 주변에 있는 윗사람에게서 배우는 것이 보통입니다. 특히 초등학교 아이들에게 부모와 교사가 미치는 영향은 아주 큽니다.

어떤 분들은 '나는 아이들 앞에서 대놓고 욕한 적 없다'고 펄쩍 뛰시겠지만, 어른들이 아이들 앞에서 드러내놓고 욕을 해야 아이들이 욕을 배우는 것은 아닙니다. 어른들이 어떤 일을 비이성적, 비합리적으로 처리할 때 아이들이 욕을 배우는 겁니다.

욕이란 자기에게 주어진 상황을 상대방에게 이성적으로 곱게 설명하는 말이 아닙니다. 욕이란 또박또박 차분히 설명해봤자 상대방이 들어주지 않을 게 뻔할 때, 무슨 일로 잔뜩 화가 나서 감정과 분노를 절제하지 못할 때, 입에서 나오는 대로 내뱉은 언어입니다. 다시 말해 욕은 대놓고 자신의 감정을 거칠게 표현한 언어로, 급박한 상황에서 이성을 접고 자기 감정을 아주 간단하게 드러낸 것입니다.

그러므로 아이들이 욕하는 것은 자기 말에 어른들이 귀를 기울이지 않는다든지, 어른들이 자기를 강압적으로 대한다고 판단했기 때문에, 감정을 자기 방식대로 좀더 과격하게 전달하는 것입니다. 이쪽에서 조용하게 이성적으로 대처하면 부모가 제대로 반응하지 않지만, 이쪽에서 감정적으로 행동하면 부모가 즉각 대처한다는 것을 본능적으로 잘 알고 있기 때문입니다.

이쯤이면 무슨 말을 하려는 것인지 짐작하실 겁니다. 어른들이 아이들을 강압적으로 대하기 때문에 아이들이 욕을 합니다. '하라면 할 것이지, 웬 말이 많아!' 하며 윽박지르는 어른, 과정은 설명하지 않고 '그렇다면 그런 줄 알아' 하며 무조건 자기 가치관을 강요하는 어른, 시간이 걸리는 것을 비능률, 비효율로 여기는 어른 때문에 아이들이 욕을 하게 됩니다. 말 한마디에 아이들이 착착 움직이기를 바라는 교사, 아이들 생각을 전혀 받아들이지 않는 부모, 아이에게 관심을 두지 않는 부모가 욕을 가르치는 셈입니다.

어떤 어머니는 어느 날 아이 뒷모습을 보았는데 걷는 모습이 제 아버지를 쏙 빼닮았다며 '붕어빵'이라고 하시더군요. 이렇듯 부모가 원하든 원치 않든 아이들은 부모를 닮게 되어 있습니다. 자상한 부모 밑에

서 제 할말 다하며 자라는 아이들은 욕을 하지 않습니다. 욕할 일이 없기 때문이지요.

　욕 잘하는 아이는 결국 상대방을 배려할 줄 모르는 상태가 오래 지속되어 욕이 습관이 되어버린 것입니다. 알고 보면 그 아이도 사랑을 제대로 받지 못한 피해자이지요.

　그러니 우리 아이가 어느 날 욕을 하고 있다면, 그 아이의 말 속에서 '싫어, 나쁘다, 화났다, 하지 마, 못 참겠다' 같은 뜻을 찾아내어, 우리 가정 안에 비민주적이고 비이성적인 부분이 없는지를 생각해 보셔야 합니다. 그냥 욕하는 아이를 나무라거나, 욕이 왜 나쁜가를 설명한다고 아이가 욕을 안 하는 것이 아닙니다.

　부모님의 언행을 이성적으로 바꾸거나 사랑을 쏟아야 아이들이 욕하지 않습니다. 한 걸음 더 나아가 아이가 하고 싶은 말을 자유롭게 표현할 수 있도록 배려해야 합니다. 그렇게 해서 욕할 일이 없어지면 자연스럽게 욕하는 버릇이 없어지지요.

답 1　부모가 아이에게 욕하는 이유를 물어보아도 아이는 대부분 그 이유를 명쾌하게 설명하지 못합니다. 그냥 '자기도 모르게 나온 말버릇'일 뿐이라고 대답하기 쉽습니다. 주목하고 있다는 암시만 주어도 그 뒤로 부모 앞에서 말할 때에는 조심할 겁니다. 그러나 근본적으로는 사랑과 대화로 욕하는 버릇을 고쳐야 합니다.

문제 20

우리 아이가 '저녁 9시까지 들어오겠다, 동생과 다시는 싸우지 않겠다'고 부모와 약속하고는 번번이 그 약속을 지키지 않습니다. 그리고는 이리저리 핑계만 댈 때 어떻게 하시겠습니까?

- ① 몇 번 참다가 야단을 친다.
- ② 불러서 알아듣게 타이른다.
- ③ 약속을 지킬 때까지 기다린다.
- ④ 아이와 상의하여 약속 기준을 다시 정한다.

두 사람이 서로 알고 지내면서 한 사람이 한 사람을 일방적으로 질질 끌고 다니는 경우가 있습니다. 그래도 좋은 일로 만나는 것이라면 백 번 양보할 수 있겠지만, 그렇지 않은 경우에 끌려다니는 사람은 그럴 때마다 그런 관계를 정리하려고 결심할 겁니다. '앞으로는 끌려다니지 않을 거야, 그게 안 되면 그만 만나야지' 하고 말입니다.

이런 일이 아니더라도 많은 사람들이 새해, 새달이 되면 이런저런 다짐을 합니다. 학생들의 경우 3월이 되어 학년이 바뀌면 또 새로운 각오

를 다집니다. 알고 보면 사람들은 하루에도 몇 번씩, 크고 작은 일로 결심을 하고, 계획을 세우고, 실천하려고 합니다.

그러나 어떤 때는 하루도 못 가서 그 계획들이 무너지기도 합니다. 물론 그럴 때 사람들은 그 일을 아예 포기하거나 계획을 수정하기도 하고, 이번에는 지키지 못했지만 다음에는 꼭 지키겠다고 내일을 기약하곤 하지요.

그런데 만약 다시 하기로 하였다면 결심한 그 순간부터 바로 실천하면 좋을 텐데, 사람들은 대부분 '다음 주부터, 다음 달부터' 하고 또 미룹니다. 그런 사람들은 대개 그때 가서도 다음 주, 다음 달로 또 미루지요. 매번 시작만 하지, 한 번도 제대로 마무리하지 못합니다.

따지고 보면 일요일과 월요일, 12월 31일이나 1월 1일은 시간적으로 그다지 차이가 없습니다. 그날은 그냥 많고 많은 날 중에서 이어진 두 날일 뿐입니다. 그런데도 월요일이나 1월 1일에 새롭게 마음을 먹는 것은 사람들이 그날에 '시작'이라는 의미를 덧붙이기 때문입니다. 의미를 붙이기만 하면 이어진 두 날이 하루는 묵은 날이 되고, 하루는 새 날이 되는 것입니다. 그러니 무슨 계획을 세웠다면 오늘이 월요일이 아니더라도 자기 나름대로 오늘을 '시작하는 날'로 잡으면 됩니다.

이처럼 사람 일이란 크고 작은 일에 상관없이 맺고 끊으며, 새롭게 의미를 부여하고 사는 것이라고 할 수 있습니다. 그런데도 많은 어른들이 '다음부터는, 다음부터는' 하고 되뇌며 같은 실수를 반복합니다. 어떤 때는 '남들도 다 받아먹는데 설마 무슨 일이 있겠나, 운전하는데 술한 잔쯤은 괜찮겠지' 하며 자신의 운명을 운에 맡깁니다.

그러므로 이런 면에서 기성 세대가 아이들에게 모범을 보여야 합니다. 바로 실천하는 사람이 큰일을 해낼 수 있다는 것을 일러주어야 합니다. 이게 아니다 싶으면 과감히 끊고 올바른 길로 가야 합니다. '다시는 과음하지 말아야지' 하고 결심했으면 과음이 나쁘다는 것을 알고 있다는 뜻이니 실천하려고 노력해야 합니다.

무엇이든 결심했으면 지금 당장 시작하십시오. 어른들의 어제와 오늘이 다르지 않고 묵은해와 새해가 똑같으면서, 아이들에게 '너는 왜 매일 그 모양 그 꼴이냐?'고 야단칠 수는 없습니다. 이치를 알고 있는 성인이 시작과 끝을 구별하지 않고 대충 살면, 철없고 미숙한 아이들은 그것을 사람 사는 기준으로 알고 따라합니다.

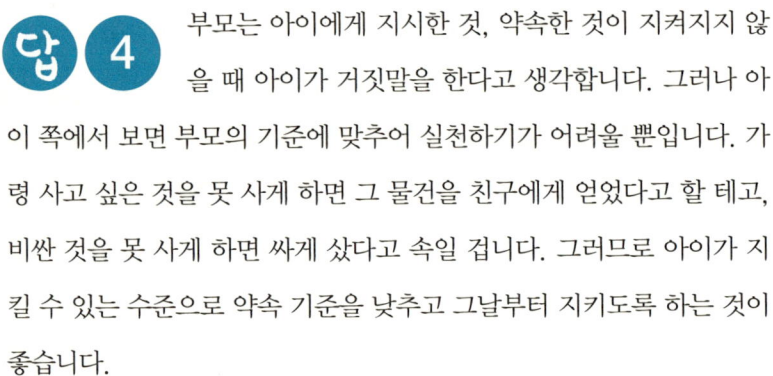 부모는 아이에게 지시한 것, 약속한 것이 지켜지지 않을 때 아이가 거짓말을 한다고 생각합니다. 그러나 아이 쪽에서 보면 부모의 기준에 맞추어 실천하기가 어려울 뿐입니다. 가령 사고 싶은 것을 못 사게 하면 그 물건을 친구에게 얻었다고 할 테고, 비싼 것을 못 사게 하면 싸게 샀다고 속일 겁니다. 그러므로 아이가 지킬 수 있는 수준으로 약속 기준을 낮추고 그날부터 지키도록 하는 것이 좋습니다.

문제 21

다음 중 우리 아이와 사귀었으면 좋겠다고 생각되는 아이는 누구입니까?

- ① 좋은 학교에 다니며, 공부 잘 하는 아이
- ② 집안이 넉넉하고, 예의 바른 아이
- ③ 사고방식이 긍정적이고, 양보할 줄 아는 아이
- ④ 부모가 훌륭하고, 가정이 화목한 아이
- ⑤ 이런저런 재주가 많고, 예쁜 아이

아이들은 여러 친구들을 만나 이렇게 저렇게 놀면서 커갑니다. 그래서 아이들이 시시콜콜한 것에서 큰 고민까지 모두 털어놓고 마음 편히 상의할 수 있는 상대도 대부분 친구입니다. 그런 까닭에 옛날부터 성인들도 친구의 중요성을 강조하였습니다.

그런데 많은 분들이 오늘날 세상이 각박해지면서 진실한 사람을 찾기 힘들다고 한탄하시더군요. 그런 탓에 우리 아이가 어떤 아이를 사귀는지 관심있게 보시며, 우리 아이가 되도록 좋은 친구하고 지내기를 바랍니다.

어떤 아이가 좋은 친구입니까? 많은 부모님들은 대개 성격이 원만한지, 나쁜 짓을 하지 않는지, 공부를 잘 하는지, 부모님이 인격자인지, 집안은 넉넉한지, 형제끼리 우애있는지를 따집니다. 이 밖에도 '우리 아이에게 어려운 일이 닥쳤을 때 그 애가 자기 일처럼 챙겨주면 좋겠다'고 하시더군요.

부모님은 그런 친구가 있으십니까? 부모님은 이제껏 남들에게 좋은 친구로 살아오셨습니까? 친한 친구가 어려운 처지에 놓였을 때 자기 일처럼 도와주셨습니까? 이쪽에서 좋은 친구가 되려고 노력하지 않으면서 그 친구를 탓하며 살지는 않았습니까?

그러니 만약 부모님이 요구하는 조건을 모두 갖춘 친구는 우리 아이가 평생을 찾아도 만나기 어려울 겁니다. 언제나 자기 기준으로 다른 사람을 재고 따지니, 세상에 자기 마음 같은 사람이 어디 그리 흔하겠습니까?

더구나 이쪽에서 우리 아이 친구가 우리 아이에게 어떤 도움이 될지를 따지기로 하면, 저쪽 부모도 우리 아이를 그런 기준으로 재지 않는다는 보장이 없지요. 결국 그쪽 부모도 자기 아이에게 도움이 되지 않는다고 판단하면, 우리 아이를 그 집 아이와 놀지 못하게 할 겁니다.

　물 좋아하는 놈이 물에 빠져 죽는다고 합니다. '이익'을 우정의 기준으로 잡으면 그나마 우리 아이가 가지고 있던 '이익'조차 다 잃어버릴지 모릅니다. 남들에게 재를 뿌리려면 제 손에 먼저 재를 묻혀야 하기 때문입니다.

똑바로 뛴다고 생각하며 앞만 보며 운동장을 달려도, 누군가 위에서 내려다보면 엉망일 때가 많습니다. 그러니 어떤 부모가 '우리 애는 문제가 없다'고 말씀하셔도, 다른 부모의 눈에는 못마땅한 구석이 보이게 마련입니다. 자식 문제는 아무도 장담할 수 없다는데, 부모님도 자식을 키우면서 다른 집 아이한테 너무 모질게 대해서는 안 될 겁니다.

부모님께서 아이가 좋은 친구와 사귀기를 원하는 만큼, 우리 아이가 다른 아이에게 좋은 친구가 될 수 있는지를 먼저 생각해 보세요. 아이의 친구가 공부를 못한다고 탓하기 전에, 우리 아이가 공부를 잘하는 편인가를 따져보십시오.

다른 집 아이들의 생활 방식은 꼼꼼히 따져 까다롭게 굴면서, 우리 집 아이는 '그럴 수 있다'고 생각해서는 안 됩니다. '마음 터놓을 친구가 없어 외롭다고 하지 말고, 너부터 남들에게 마음을 터놓는 친구가 되라'고 아이들에게 일러주십시오. 사람을 진심으로 대하고, 친구들에게 늘 양보하라고 말입니다.

답 3 보기에 있는 것을 다 고르고 싶으시겠지만, 그런 조건을 모두 갖춘 사람은 없습니다. 다른 조건은 있다가 없어지기도 하고, 일시적이거나 언젠가는 바뀝니다. 그러나 타고난 성격은 웬만해선 바뀌지 않습니다. 그렇다면 어떤 환경에서도 묵묵히 앞을 보고 가면서도 남과 더불어 사는 친구를 옆에 둘 수 있다면, 그 사람은 평생 자신의 거울을 옆에 두고 사는 겁니다.

문제 22

우리 아이가 "주경야독(晝耕夜讀, 어렵게 공부함)이 무슨 뜻이에요?" 하고 물었는데, 이 말뜻을 정확히 모르신다면 어떻게 말씀하시겠습니까?

- ① 학교에 가서 선생님께 여쭤보아라.
- ② 지금 바쁘니까 네가 직접 찾아보아라.
- ③ '낮에는 밭을 갈고 밤에는 책을 읽는다' 라는 말인데, '쉬지 말라' 는 뜻이야.
- ④ 잘 모르겠다.

부모자녀 간에는 물론이거니와 부부 사이에, 동료 간에, 사회에서 맺어진 모든 인간 관계에서 거짓말을 좋아하는 사람은 없습니다. 이는 우리 나라뿐만 아니라 세계의 어느 곳에서든 마찬가지이며, 사람 사는 곳이면 대부분 정직을 가장 가치있는 덕목으로 가르칩니다. 거짓말이란 자신의 이익을 달성하려고 상대방을 속이는 것이므로, 그 속성은 이기적일 수밖에 없지요.

더구나 거짓말은 상대방의 인격과 존재를 자기 손바닥에 올려놓고 주무르는 것이므로 상대방이 느끼는 모욕감이 아주 클 수밖에 없습니다. '사람 알기를 우습게 아는 것'이니까요. 따라서 어느 사회든 게으른 사람은 이해하거나 용서해도, 거짓말하는 사람은 용서하지 못합니다.

그런데 어느 날 청소년인 우리 아이가 부모를 속이려고 거짓말을 합니다. 이럴 때 부모들은 많이 놀라는 정도를 넘어 하늘이 무너지는 듯한 충격을 받습니다. 우리 아이는 착하다고 생각했던 부모일수록 아이가 아주 엄청난 짓을 저질렀다고 생각하게 되지요.

그러나 처지를 바꿔놓고 생각해보세요. 만약 남편에게 생활비를 타서 살림을 하는 아내에게, 남편에겐 비밀로 해야 할 일이 생겼다면 어떤 일일까요? 대개는 남편이 모르기를 바라는 일일 것입니다. 돈쓰는 데 예민한 남편을 둔 아내일수록 그런 일이 많지요.

예를 들어 친정과 관련된 일이거나, 갖고 싶은 것이 아주 비싸 큰돈을 들여야 하는 일이거나, 예전에 친했던 남자 동창을 만나는 일일 겁니다. 이 모든 일이 아내가 판단할 때는 돈을 꼭 써야 할 곳이지만, 아마도 남편은 도저히 이해하지 못할 거라고 생각하니까 아내가 남편을 속이지요.

아이 거짓말을 그렇게 보시면 됩니다. 거짓말을 해서는 안 되지만, 아이로서는 부모가 알면 곤란하거나, 이해해 주지 못할 거라고 판단하

면 부모에게 사건의 본질을 숨기려 하지요. 부모 쪽에서 보면 그것이 거짓말입니다. 말하지 않아도 속인 것이고, 엉뚱한 핑계를 대면서 부모가 그쪽을 못 보게 해도 속인 것이고, 진실을 왜곡해도 속인 것이지요.

그러나 거짓말은 부모가 예민하게 반응하여, 아이를 간곡하게 타이르거나, 크게 야단쳐도 궁극적으로 해결되지 않습니다. 그럴수록 다음에는 좀더 정교하게 부모를 속이려 듭니다. 그때 가면 부모는 몰라서 속고, 일이 커질까봐 뻔히 알면서도 속게 됩니다.

따라서 아이가 거짓말을 하지 않기를 바라신다면 첫째, 부모가 우선 아이들에게 모범을 보이거나 아이에게 솔직해야 합니다. 부모가 집에서 친구들과 휴대폰으로 통화하면서 '아, 지금 운전 중인데…' 라고 말씀하시면, 아이로서는 그런 부모를 믿기 어렵습니다. 만약 부모님께 그럴 수밖에 없는 사정이 있었다면, 전화를 끊은 뒤 그 상황을 아이에게 솔직히 말해야 합니다.

둘째, 아이가 어떤 충격적인 이야기를 하더라도 부모가 그 말을 마음으로 받아들여야 합니다. 설령 아이가 하늘이 무너졌다고 말하더라도 부모가 그걸 받아들이기 시작하면 아이는 속내를 드러낼 수밖에 없습니다.

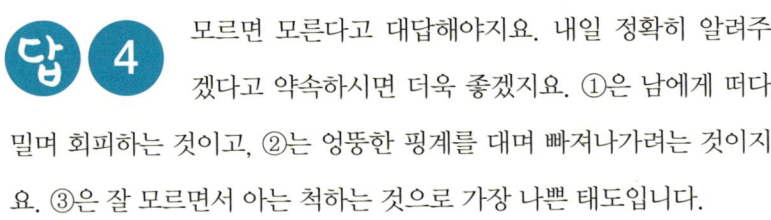

모르면 모른다고 대답해야지요. 내일 정확히 알려주겠다고 약속하시면 더욱 좋겠지요. ①은 남에게 떠다밀며 회피하는 것이고, ②는 엉뚱한 핑계를 대며 빠져나가려는 것이지요. ③은 잘 모르면서 아는 척하는 것으로 가장 나쁜 태도입니다.

문제 23

우리 아이가 거실에서 친구들과 놉니다. 심부름을 시키려고 몇 번이나 불러도 노느라고 도무지 정신이 없습니다. 어떻게 하시겠습니까?

- ① 쫓아가 화를 낸다.
- ② 아이 친구를 다 돌려보낸다.
- ③ 아이 친구들이 다 돌아간 다음, 야단친다.
- ④ 아이 어깨를 툭 치고, 심부름 내용을 말한다.
- ⑤ 심부름시키기를 포기한다.

새해로 바뀐 지 석 달째 접어들어도, 실제로는 봄이 오는 3월이야말로 본격적으로 새로이 출발하는 날이라고 여겨집니다.

이 새 출발을 부모와 교사가 많이 도와주어야 합니다. 이 시기가 앞으로 자녀들의 1년이나 3년 또는 평생의 밑거름이 될지도 모르기 때문

입니다. 금을 잘못 그으면 처음에서 멀어질수록 그 차이가 엄청나지요. 우리가 흔히 '처음이 좋으면 다 좋다'라고 하는 것은 그만큼 시작할 때의 마음가짐이 중요하기 때문입니다.

아이들에게 어리숭한 점이 많은 것은 가까이 있을 때보다 좀 떨어져 바라볼 때 더 쉽게 알 수 있더군요. 예를 들어 아파트 창문에서 어린이 놀이터를 내려다보면, 한 아이는 술래가 되고 다른 아이들은 숨습니다. 어른들은 위에서 내려다보기 때문에 아이들이 뻔한 곳에 숨어 있다는 것을 알지만, 술래인 아이는 그 뻔한 곳에 숨은 아이를 찾지 못하고 헤맵니다.

사실 인생도 종종 뻔한 이치를 따라 움직이기 때문에, 어른들 눈에는 요모조모가 다 보일 때가 많습니다. 그러므로 어른이 아이들을 잠깐 봐 주시기만 하면 아이들은 시행착오를 줄이고 방황을 덜할 겁니다.

실상 알고 보면 정말 몰라서 못하는 아이들도 많습니다. 그런데도 어른들은 구체적으로 일러줄 생각은 않고, 아직도 정신을 못 차렸다, 커서 뭐가 되려고 그러냐, 하며 겁만 잔뜩 주시더군요. 만약 아이들이 '내가 뭘 잘못했느냐'며 대든다면 사실 아직도 제 잘못을 모르겠다는 뜻입니다.

그러니 그때라도 일러주셔야지, 화가 난다고 더 강압적으로 나가시면 안 됩니다. 다시 말해, 아이들을 합리적이고 이성적으로 키우셔야지 마치 죄인인양 붙들어놓고 다짜고짜 '네 이놈, 네 죄를 알렷다'하는 식으로 대하시면 안 된다는 말씀입니다.

'알면 보이고, 보이는 만큼 사랑하게 된다'고 하더군요. 아이들은 정말 아무것도 몰라서 어떻게 해야 할지 모르는 때가 많습니다. 말해 주었는데 모를 리가 있겠느냐고 하지만, 때로는 어른들도 뻔히 알던 것도 막상 부딪치면 생각나지 않을 때가 있잖습니까? 그러니 백 번을 잘못하더라도 백한 번 일러준다고 마음먹고 알려주셔야 아이들이 건강하게 자랄 수 있습니다. 아이들이 부모 마음을 이해하는데 나쁘게 자랄 리가 없지요.

답 4 아이들은 대개 그런 상황에서 부모가 부르는 줄을 모릅니다. 한두 번 부르시고 분노가 치미는 것은 아닌지요? 발음은 정확했는지요? 목소리가 작지는 않았는지요? 귀에 못 박힐 정도로 불렀다 해도 그것은 어디까지나 부모 기준이지, 아이 기준이 아닙니다.

문제 24

당신이 보려고 사서 귀중하게 보관해둔 책을 아이가 베고 잔다든지, 깔고 앉았습니다. 어떻게 하시겠습니까?

- ① 책을 함부로 대한다고 야단을 친다.
- ② 놀고 난 뒤에 제자리에 갖다두라고 말한다.
- ③ 타이른다.
- ④ 책이 얼마나 소중한지를 설명한다.

사람들은 가을을 책 읽기에 좋은 계절이라고 말합니다. 그래서 가을만 되면 많은 분들이 책을 두고 한 말씀 하십니다. 대개는 요즘 사람들이 책을 너무 안 읽는다고 우려하는 쪽입니다. 책을 읽는 젊은이들조차 너무 가벼운 책에만 매달리고 있다고 여기지요.

과거에는 책이 아주 큰 구실을 했습니다. 정보가 많지 않던 시절이었으니 책에 담긴 지식은 삶의 구체적인 지표가 되었겠지요. 더구나 예전에는 종이가 아주 귀했으므로, 책으로 낼 만한 가치가 있는 정보만 골라 책에 담았을 것입니다. 그러니 책은 정보를 담은 유용한 물건이었을 뿐 아니라, 그 자체로 매우 귀한 대접을 받는 대상이었습니다.

그러나 지금은 세상이 많이 변했습니다. 종이가 흔해졌고 아무나 쉽게 책을 낼 수 있게 되었습니다. 쓸 만한 정보가 '있는' 정도를 넘어, 이제는 날마다 '쏟아져' 나옵니다. 그래서 그 모든 정보를 책으로만 전달하기가 힘들어졌습니다. 그런 까닭에 텔레비전이며, 인터넷 같은 정보 매체가 사람들에게 큰 영향력을 갖게 되었지요.

그러므로 오늘날 책은 여전히 가치있는 것이기는 하나, 과거보다 영향력이 떨어졌다는 것을 인정해야만 합니다. 더구나 계절을 정해놓고 책을 읽어 정보를 받아들여서도 안 됩니다. 아무 때나 어디서나 무슨 매체를 통해서든 많은 정보를 빨리 받아들이고, 그 정보를 잘 활용해야 하기 때문입니다.

예를 들어 제조업자는 틈틈이 인터넷을 통해 다른 회사가 어떤 새 상품을 내놓았는지 알아보아야 합니다. 학생이라면 다른 지역, 다른 나라 학생들은 요즘 주로 어떤 것에 관심을 두고 생활하는지를 살펴보아야 합니다. 그리고 다른 나라 박물관이나 도서실에 무엇이 있는지도 찾아보아야 합니다.

　현대에는 어떤 정보를 어떻게 받아들이느냐가 중요한 것이지, 무엇을 통해 얼마나 익히느냐는 그다지 큰 의미가 없습니다. 경우에 따라 현대인은 드라마를 보며 새로운 가치관을 확인할 수도 있고, 연극을 보며 주어진 상황을 느낄 수도 있습니다.

따라서 오늘날에는 부모님이 자녀와 함께 시장이며, 서점이며, 극장 같은 곳을 함께 다니는 것이 책에만 매달리는 것보다 훨씬 더 바람직할지도 모릅니다. 부모님이 인생 선배로서 21세기에는 어떤 정보를 어떻게 쓸 수 있는지를 일러주실 수 있으니까요.

그러니 각종 위인전집, 명작전집, 교양전집을 사다놓고 아이들에게 '왜 이 책을 안 읽느냐?'고 윽박지르지 마십시오. '너희들이 하고 싶은 것 하나만 제대로 해도 좋다'고 하시며, 실제로 우리 주변과 텔레비전에서 확인할 수 있는 것을 일러주시기만 해도 제대로 방향을 챙겨주시는 겁니다.

물론 아이들이 만화나 무협지만 좋아한다고 걱정하실 필요도 없습니다. 대부분 아이들은 무협지를 평생 읽지 않습니다. 설령 그 아이가 무협지만 계속 읽는다고 해도, 아이들이 살아갈 미래에는 그 재주를 써먹을 데가 꼭 있습니다.

오히려 아무것에도 관심을 두지 않고 자나깨나 교실 한 구석에서 영어, 수학 문제만 푸는 아이를 걱정하셔야 할 겁니다. 그런 아이는 정보를 폭넓게 볼 줄도 모르고, 엄청난 정보의 홍수 속에서 쓸 만한 정보를 제대로 골라낼 줄도 모릅니다.

답 2 글에 대한 전통 때문에 기성 세대들은 돈 많은 집보다 책 많은 집을 존경하는 편입니다. 별일 아닙니다. 책이 꽂혀 있던 자리에 도로 갖다두기만 하면 될 일이지요.

문제 25

생활 빚 때문에 집안 형편이 어렵습니다. 그런 것도 모르고 아이가 "용돈 좀 올려주세요. 너무 적어요. 옷장에 숨겨놓은 돈 다 봤어요"라고 말합니다. 어떻게 하시겠습니까?

- ① 빚이 있다고 솔직히 말한다.
- ② 무슨 용돈을 그렇게 많이 쓰냐고 화를 낸다.
- ③ 나중에 올려준다고 약속한다.
- ④ 집안일은 신경 쓰지 말라고 한다.

자녀가 자랄수록 키우기가 점점 힘들다는 것을 느끼시죠? 특히 고등학교 3학년 학생이 있는 집은 '입시 전쟁' 때문에 온 가족이 '고3병'을 앓습니다. 공연히 신경이 날카로워져서 짜증을 부리고, 웬만한 일은 쉬쉬 비밀로 하고, 서로 눈치껏 움직입니다.

따지고 보면 당사자인 학생보다 부모의 마음 고생이 더 큽니다. 어느

분이 말하기를 요즈음은 '자식이 상전'이라고 하더군요. 공부한다고만 하면 부모가 '오냐오냐' 하는 것을 아이들이 알고 부모를 머슴 부리듯 한답니다.

그러나 그렇다고 해도 아이들을 탓할 문제는 아닙니다. 아이들도 가족의 일원으로서 집 안에서 해야 할 일이 있는데 어른들이 아무것도 시키지 않았기 때문입니다. 어떤 어른들은 아이 공부하는 데 지장 있다고 명절날 고향에 데리고 가시지도 않더군요.

아이들이 모르는 것은 집안 어른에 대한 예절이나 사람 사는 도리 같은 것만이 아닙니다. 아이들이 제 방 치울 줄을 압니까, 일요일에 제 운동화를 빱니까, 손님 오셨다고 사과를 깎아 내오기를 합니까? 부모가 없으면 동생을 잘 데리고 놀아야 할 텐데 오히려 동생을 울립니다.

심지어 어떤 아이는 성인이 되어도 아주 기본적인 집안일조차 혼자 하지 못합니다. 요새 아이들은 밥이며 빨래는 당연히 엄마가 하는 것으로 압니다. 그러니 어른들한테 무슨 일이라도 생기면 아이들은 발만 동동거립니다. 부모가 평소 아이들 몫을 일러준 적이 없고, 아이들에게 시킨 적도 없으니 아이들이 아무것도 할 줄 모르는 것이 당연합니다.

그러다 결국에는 부모와 자녀가 모두 힘들어집니다. 아이들이 커가면서 해야 할 몫이 점점 느는데 그 모든 것을 부모가 대신하고 있으니 힘이 드는 것이지요. 요즈음엔 학교에서 내준 '수행 평가' 숙제를 부모가 대신하는 경우도 늘었습니다. 아이들은 아이들대로 뭘 하긴 해야 하는데 어떻게 해야 할지 몰라 힘들어합니다.

아이들이 몹시 아플 때 '내가 대신 아팠으면' 하는 것이 부모 심정이지만 그렇다고 그렇게 할 수는 없잖습니까? 그러니 아이가 죽을 때까지 부모가 끼고 살 수 없다면 언젠가는 아이들이 홀로 서게 하셔야 합니다.

그러니 지금부터 작은 일에서라도 홀로 서게 하십시오. 부모님이 힘들 때는 자기들끼리 라면이라도 끓여 먹게 하십시오. 물론 이것저것 자상히 일러주어도 어른들처럼 깔끔하게 처리하지 못합니다. 그래도 끝까지 참고 기다리셔야 합니다. '너희들은 몰라도 돼, 공부나 해. 내가 다 알아서 뒷바라지 해줄게' 하지 마시고 집안 돌아가는 상황도 이야기 하십시오.

아이들이 아무것도 모르는 것 같아도 나름대로 소견이 있습니다. 막상 집안이 어려우면 일시적으로 불안해하다가도 이내 심지가 굳어집니다. 그래서 옛날부터 가정형편이 어려운 아이들이 일찍 철든다는 말을 하는 겁니다.

이렇게 해야 가족들이 서로 한 가족이라는 믿음을 갖고 제 몫을 다합니다. 어머니나 아버지 한 사람이 집안일을 모두 걸머지지 않아도 되는 것이지요. 욕실 세면대에서 세숫물을 뺄 때 식구들이 한번씩 손바닥으로 세면대 가장자리를 쓱 훑어내면, 나중에 누군가 시간을 따로 내어 세면대를 힘들여 닦지 않아도 가장자리에 때가 끼지 않는 이치와 같습니다.

답 1 부모가 아이들에게 집안일을 솔직히 이야기하면, 아이들은 자기가 가족의 일원이라는 것을 새삼 깨닫게 됩니다. 부모가 자기를 믿고 있다는 것도 알게 됩니다. 그리고 이제 더 이상 자신은 어린애가 아니라고 생각하며 책임감을 느끼게 됩니다.

| 쉬•는■시▲간 | 이것이 3교시 포인트!

1. 아이의 솔직한 불만에 귀기울여보세요
오해를 없애려면 상대가 무슨 생각을 하는지 알아야겠지요. 상대가 말하기 전에 넘겨짚지 말고 서로 불만을 털어놓고 오해를 푸는 것이 인간 관계를 더 확실하게 맺는 방법입니다. 이제는 '내가 그 마음을 다 아는데' 라고 생각지 마시고, 상대방의 솔직한 불만에 귀를 기울여보시지요.

2. 아이들을 강압적으로 대하지 마세요
어른들이 아이들을 강압적으로 대할 때 아이들이 욕을 합니다. 아이가 어느 날 욕을 하고 있다면, 그 속에서 '싫어, 나쁘다, 화났다, 하지 마, 못 참겠다' 같은 뜻을 찾아내어, 우리 가정 안에 비민주적이고 비이성적인 부분이 없는지 생각해보세요.

3. 아이가 지킬 수 있는 정도로 약속의 기준을 낮추어주세요
부모들은 지시한 것, 약속한 것이 지켜지지 않을 때 아이들이 거짓말을 한다고 생각합니다. 그러나 아이는 부모의 기준에 맞추어 실천하기가 어려울 뿐입니다. 아이가 지킬 수 있는 수준으로 약속 기준을 낮추고 그날부터 지키도록 하는 것이 좋습니다.

4. 아이에게 언제나 솔직한 모습을 보여주세요
아이가 거짓말을 하지 않기를 바라신다면 첫째, 부모가 우선 아이들에게 모범을 보이거나 아이에게 솔직해야 합니다. 둘째, 아이가 어떤 충격적인 이야기를 하더라도 마음으로 받아들여야 합니다.

5. 독서뿐 아니라 정보를 잘 사용하는 법을 알려주세요
부모가 아이들 손을 잡고 시장이며, 서점이며, 극장 같은 곳을 함께 다니는 것이 책에만 매달리는 것보다 훨씬 더 바람직할지도 모릅니다. 부모는 인생 선배로서 21세기에는 어떤 정보를 어떻게 쓸 수 있는지를 일러줄 수 있으니까요.

| 쉬●는■시▲간 | 전 국 홈 스 쿨 링 · 계 절 학 교

중 · 고 통합학교

서울 꿈꾸는 아이들 학교 www.dreamwe.org
서울 꿈틀학교 imyschool.com
서울 난나학교 www.nannaschool.org
서울 도시속 작은학교 www.bigschool.or.kr
서울 성장학교 별 www.schoolstar.net
서울 스스로넷 미디어스쿨
www.mediaschool.co.kr
서울 자유터학교 unischool.org
서울 하자작업장 학교 school.haja.net
서울 한들 www.youth1318.or.kr/handle
부산 도시속작은학교 uridl.cafe24.com/udada
서산 꿈의학교 www.dreamschool.or.kr
성남 디딤돌학교 cafe.daum.net/didimdolschool
안산 들꽃피는학교 www.wahaha.or.kr
진안 진솔 대안학교 user.chollian.net/~jeansol

홈스쿨링

간디학교 홈스쿨네트워크 '학교너머'
www.schoolbeyond.org
솔빛이네 www.solip.org
작은 학교 www.humanedu.net
정준이네 huan1.wo.to
초록손이네 www.pulkkot.com
초롱이네 salzz.com

주말계절학교

강원도 다물자연학교 www.damool.or.kr
계룡산 산골놀이학교 www.nol2.or.kr
대안문화학교 달팽이 www.dalpeng2.com
백둔리자연학교 natureschool.com.ne.kr
산골 아이들 놀이학교 www.sangoli.co.kr
삼무곡 자연학교 sammugok.cyworld.com
성남 창조학교 coop.jinbo.net
월악 민속놀이학교 www.woorii.co.kr
참나무와 도토리 현장학교 www.chamnamu.com
파랑새 열린학교 www.openschool21.co.kr
한국역사문화학교 www.koreaschool.co.kr

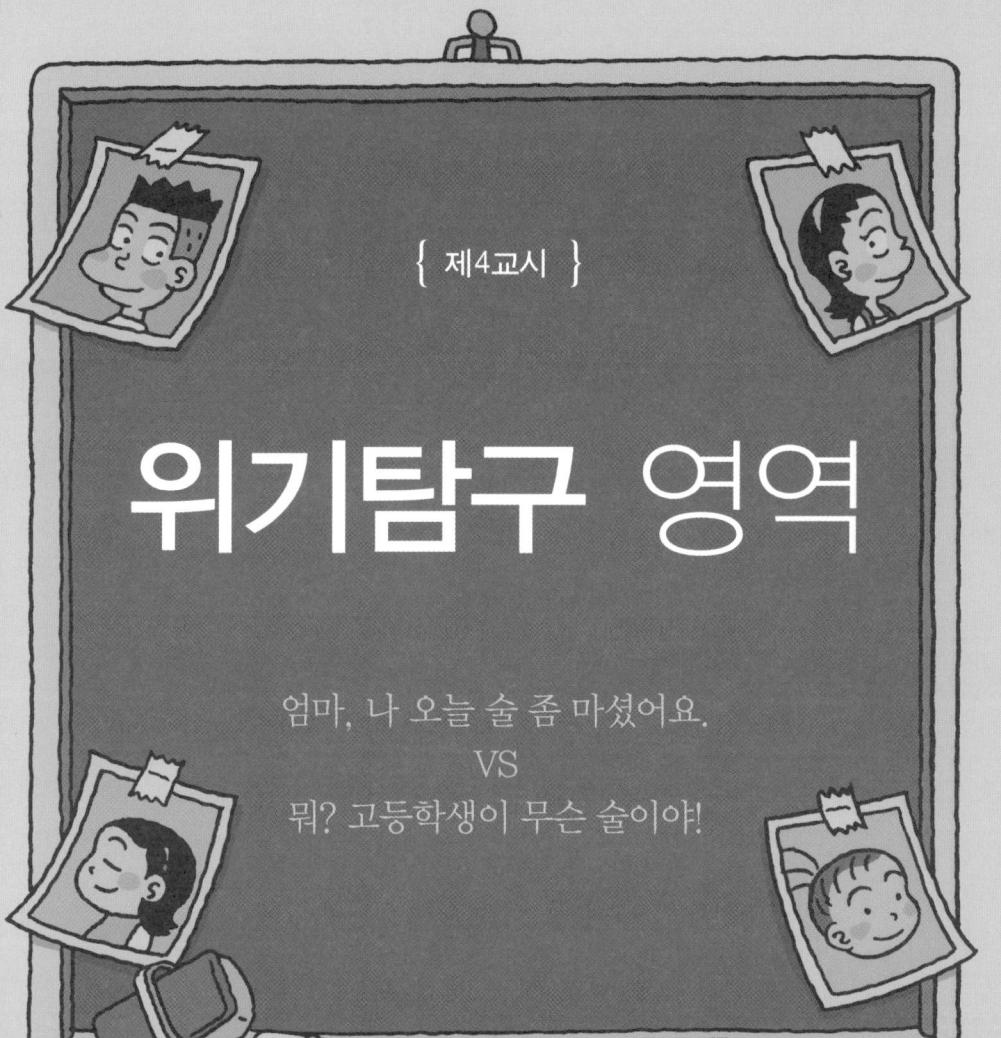

문제 26

우리 아이가 잘못을 저질러서, 상대방에게 손해배상금으로 1천만 원을 주지 않으면 구속되거나 학교에서 퇴학당할 상황에 놓였습니다. 당신은 어떻게 하시겠습니까?

- ☐ ① 일단 빚을 내서라도 해결한다.
- ☐ ② 반 죽여놓는다. (외출 금지)
- ☐ ③ 믿음이 무너져 기절할 것 같다.
- ☐ ④ 네가 알아서 처리하라고 내쫓는다. (자식 취급 안 한다.)
- ☐ ⑤ 잘못한 정도를 따져 죄 값을 치르게 한다.
- ☐ ⑥ 아이가 상처받지 않도록 이해하고 용서한다.
- ☐ ⑦ 붙잡고 눈물로 호소한다. (기도한다)

정당이며 학교 같이 여러 사람이 모여 생활하는 곳에는 크고 작은 일이 있게 마련입니다. 물론 가정에서도 어른의 생신, 돌잔치, 결혼식, 장례식 같은, 집안 단위로 치러야 할 큰일들이 많습니다.

그런데 어떤 때는 그 큰일을 일부러 피하는 때가 있습니다. 즉, '올해 회갑 잔치를 치르면 좋지 않다'거나, '올해를 넘겨 결혼해야 일이 잘 풀린다'는 식으로 큰일을 미룹니다. 회갑 날이야 정해진 날짜가 있는 것이고, 결혼식이야 적당히 좋은 날을 고르면 되지, 뭐 복잡하게 따질 것이 있겠는가 싶습니다.

그러나 그게 아니라는 겁니다. 듣기 좋으라고 '올해 잔치를 하면 집안에 걱정거리가 생긴다'고 한 것이지, 곧바로 표현하면 '이 집안은 그런 큰일을 감당해 낼 만한 역량이 없다'는 뜻입니다. 잘 되는 집은 그런 큰일이 있을 때, 서로 제 몫을 찾아 한 군데로 힘을 모읍니다. 그러나 안 되는 집은 사람들이 힘을 한 군데로 모으지도 못하면서, 다른 사람이 지닌 힘까지 못쓰게 합니다.

예를 들어 집안 어른이 돌아가셨는데 일가친척이 모여 '작은집은 어떻고, 큰아들은 어떠며, 삼촌은 어떻다'며 싸움만 하는 집안도 있습니다. 나중에 싸움이 커지면 법정으로 가기도 하지요. 회갑 찾아 먹자고 하다가 오히려 치르지 않으니만 못하니까, '올해 잔치를 하면 근심이 생긴다'는 핑계를 대며 일가친척들이 모일 수 있는 기회를 아예 안 만드는 것이죠.

어떤 집안은 죽음이나 교통 사고 같이 운명적으로 다가오는 큰일도 힘을 모아 헤쳐나갑니다. 잘 되는 집은 그런 위기를 극복하며 서로 단합하고 화해합니다. 그러니 어떤 일을 맞설 것인지를 잠깐 동안 망설일

망정 어른이 끝까지 피하거나 뒤로 미루려고 해서는 안 됩니다. 어른이 지혜도 있고, 세상을 보는 눈도 있으면서 큰일 앞에서 발뺌을 하시면, 모든 것에 미숙한 아이들은 정말 기댈 데가 없습니다. 그렇게 어려운 상황에 부딪칠 때마다 어른들이 달아나려 하니까 아이들도 조금 힘들

골칫거리를 나누면 부담이 줄어들거야.

다 싶으면 빠져나갈 궁리나 하고 남에게 떠미는 겁니다.

속상하고 힘들더라도 이제부터는 아이들에게 '나도 모른다, 네 마음대로 해라' 하고 말씀하지 마세요. 예를 들어 아이들에게는 중간고사도, 입학시험도 큰일이니, 가족들이 조금씩 그 부담을 나누시기 바랍니다. 그 아이가 크면 다른 가족들이 자기를 도와주었듯이, 저도 다른 가족들이 지고 있는 짐을 나누어 질 겁니다.

지금은 모두 힘을 합해도 잘해 나가기 어려운 세상입니다. 물론 반드시 해야 할 일이라면 일을 조금씩 나눠 모두 기꺼이 참여해야겠지요. 일가친척들이 속으로 '다시는 큰집에 오지 않겠다' 고 다짐하게 된다면, 일이 썩 잘 풀릴 리 없으니까요.

더구나 능력이 있는 큰아버지도 피하고, 나보다 잘 사는 형도 하지 않으려는 일을, 조카이며 막내인 내가 경제적으로 어려운데도 떠맡아서 해결해야 한다면 순리는 아닐 겁니다.

답 1 구속, 퇴학, 손해배상은 어느 것이든 아이가 감당하기 어려운 일입니다. 우선 손해배상을 해서 구속과 퇴학을 방지할 수 있다면, 그렇게 하십시오. 실수는 아이에게 교훈으로 남고, 빚 1천만 원은 어른인 부모의 몫으로 남겠지요.

문제 27

우리 아이가 몸을 가누지 못할 정도로 술에 취해 밤늦게 들어왔습니다. 어떻게 하시겠습니까?

- ① 누구랑 마셨냐고 물어본다.
- ② 아무 소리 안 한다.
- ③ 내쫓거나, 패준다.
- ④ 콩나물국을 끓여준다.
- ⑤ 술을 더 먹인다.

가끔 머리를 박박 깎고 학교에 등교하는 여학생이 있습니다. 아버지가 아이의 머리카락을 다 잘라놓은 것입니다. 그 아이가 하는 일이 못마땅하니까 아버지로서는 충격요법을 쓴다고 한 것이겠지만, 그 다음 날 가발을 씌워 학교에 보낼 요량이면 차라리 처음부터 그러지 말아야 했습니다. 이렇게 우리 주변엔 부모가 다 자란 자녀를 아주 폭력적인 방법으로 대하는 경우가 많습니다. 심지어 어떤 부모님은 마흔이 넘은 자식에게 폭력을 쓰기도 합니다.

이렇게 보면 우리 나라 부모님들은 아직까지 자식들을 썩 믿는 편이 못 되는 것 같습니다. 부모님들은 나이를 먹을수록 일거리가 점점 늘어 몸이 고달프다고 하면서도, 손에서 놔야 할 일을 놓지 않습니다. 세월이 흐를수록 점점 눈이 어두워지고 총기가 떨어지는데도 곳간 열쇠를 꼭 쥐고는 이일 저일 모두 참견하니 정말 힘들 수밖에 없습니다.

이제는 그만 자식에게 곳간 열쇠를 넘겨주고 그 일에서 벗어나면 아주 편할 것 같은데, 열쇠를 넘겨주는 순간 자식이 재산을 다 털어먹을까봐 불안해서 대개는 권한을 넘겨주지 않습니다. 자식이 못 미더워서 죽을 때까지 열쇠를 끼고 삽니다. 그러면서 죽어도 마음 편히 눈을 못 감는다고 하지요.

부모가 세상을 떠난 다음에야 열쇠를 넘겨받은 자식은 그 재산을 어떻게 써야 할지 모르니까 정말 그 재산을 다 털어먹더군요. 부모 생전에 곳간 열쇠를 넘겨받고, 재산관리법을 이것저것 자상히 배웠으면 제대로 관리할 수 있었을 것입니다.

환갑 넘은 아들이 무슨 일을 해도 구십 먹은 아버지는 못 미더워하게 되어 있습니다. 그러나 그렇다고 부모가 자기자식을 영원히 안 믿으시면 어떡합니까? 하늘 아래 부모조차 믿어주지 않는다면 그 자식은 모든 일에서 절망할 수밖에 없습니다.

나이 먹은 부모가 '내가 없으면 우리 집이 안 돌아간다'고 집안을 흔들수록 집안은 더 곪습니다. 그러므로 부모도 나이를 먹으면 그 나이에 맞게 주변을 정리하셔야 합니다. 그렇지 않으면 갈수록 부모가 해야 할

일은 많아지고, 자식들은 나이를 먹어도 아무것도 할 줄 모르는 바보가 됩니다.

　부모님들은 자녀를 믿고 그 나이에 걸맞게 그때그때 일을 하나씩 맡기셔야 합니다. 자녀에게 의무만 강요하지 마시고 그에 따른 권리도 주십시오. 뒤에서 묵묵히 지켜주셔야 그게 나이 먹은 부모의 도리이지요. 늙어서도 자녀를 마음대로 할 수 있다고 생각하신다면 아주 큰 잘못입니다. 자녀를 도와주기는커녕 오히려 장애가 되기 쉽지요.

　아이들에게 어디까지 어떻게 일을 맡기셔야 할지 모르신다면 길을 막고 물어보시면 됩니다. 그렇지 않으면 친구분들에게 조언을 구하세요. 그분들이 충고해 주시는 대로 따르면 됩니다. 옆에서 객관적으로 보는 분들 말씀이 틀림없는 순리이니까요.

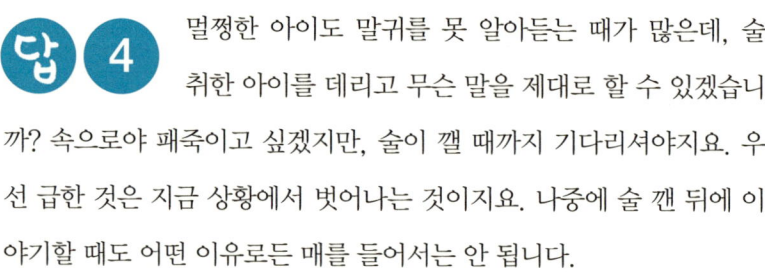
멀쩡한 아이도 말귀를 못 알아듣는 때가 많은데, 술 취한 아이를 데리고 무슨 말을 제대로 할 수 있겠습니까? 속으로야 패죽이고 싶겠지만, 술이 깰 때까지 기다리셔야지요. 우선 급한 것은 지금 상황에서 벗어나는 것이지요. 나중에 술 깬 뒤에 이야기할 때도 어떤 이유로든 매를 들어서는 안 됩니다.

문제 28

우리 아이가 방학 중에 머리를 노랗게 염색하고 코걸이(피어싱)를 하고 나타났습니다. 부모인 당신은 어떻게 하시겠습니까?

- ① 집에서 나가라고 말한다.
- ② 머리를 박박 밀어버린다.
- ③ 마구 팬다.
- ④ 야단치며 혼낸다.
- ⑤ 졸업하고 더 큰 후에 해도 된다고 충고하고 타이른다.
- ⑥ 아무 말 안 한다.
- ⑦ 검은 염색약을 사와서 원래대로 복구한다.
- ⑧ 잠시나마 현실을 벗어나고픈 것으로 이해하고 받아들인다.
- ⑨ 부모의 생각과 느낌을 이야기한다.
- ⑩ 아주 잘 한다며 비아냥거린다.

아이들이 하는 짓을 보면서 아주 황당해 하는 어른들이 많습니다. 아이들은 그런 것들이 친구들 사이에서 크게 유행하는 것이라고 주장하지만 정말 이해하기 힘들 때가 많지요. 예를 들어 바지 하나만 해도 그렇습니다. 어떤 때는 바지를 엉덩이에 엉거주춤 걸치고 다니며 바지 자

락으로 길거리를 온통 쓸고 다닙니다. 어째 이런 지저분한 것이 청소년 문화로 아이들 사이에 유행하게 되었나 싶지요. 두 세대가 서로 생각이 다르고, 유행을 보는 기준이 다른 것입니다.

어떤 분은 '우리 세대는 부모님 말씀에 순종하며 살았지' 하고 말씀하시더군요. 그런데 알고 보면 그렇지도 않습니다. 요즘 부모님들도 옛날 젊은 시절에 머리를 덥수룩하게 기르고, 팝송을 부른답시고 웅얼거린 적이 있었지요. 아마 그때 우리 부모들도 '얘야, 제발 머리 좀 단정히 하고 다녀라. 알아듣지도 못하는 그 서양 노래는 또 뭐냐?' 하며 한심하게 생각했을 겁니다.

그러면 어른들이 공연히 트집을 잡는 거라고, 어른들은 우리를 이해하지 못한다고 서운해했었지요. '세대차는 어쩔 수 없다' 고 말하기도 하고요. 생각해 보면 우리 어른들이 요즘 아이들 차림새를 이해하지 못한다거나, 노랫말이 너무 길고 빨라서 무슨 소리인지 모르겠다고 하는 것과 비슷합니다.

언젠가 말썽이 심한 아이를 학교에서 제대로 다루지 못해 청소년 문제 전문가인 사회복지사에게 그 아이 문제를 의뢰한 적이 있습니다. 그런데 그 아이는 복지관에서 1주일간 프로그램에 잘 참여하고 돌아오더니 정말 거짓말처럼 학교에도 잘 다녔고 무사히 졸업도 하였습니다.

그것은 사회복지사들이 부모나 교사가 보지 못하는 그 아이의 장점을 잘 찾아준 덕분이었습니다. 그 아이는 복지관이 집에서 멀었는데도 복지관 문이 열리기도 전에 아침 일찍 도착해서 기다렸다고 합니다. 학생이 제 시간에 학교에 오는 것을 당연하게 여기는 부모와 교사 눈으로는 장점이랄 것이 없는데 사회복지사들은 그것을 그 아이의 큰 장점으로 보았던 것입니다. 이처럼 관점이 다르면 같은 일도 달리 보입니다.

그러니 이제는 아이들을 적극적으로 보시는 것이 좋습니다. 유행이라는 것이 말 그대로 그 시절 잠깐 스쳐 지나가는 것이고, 요즘 세상이 이러니까 요즘 그런 것이 유행하는 것뿐이지요. 그 옛날 지저분하게 머리를 기르고 사람 구실할 것 같지 않던 우리가 지금 어른이 되고 부모가 되어 제 몫을 하지 않습니까?

그러니 예쁘게 보기로 하면 요즘 청소년들이 우리 세대보다 훨씬 더 멋진 사회 구성원이 될 가능성을 지녔는지도 모릅니다. 한마디로 그 옛날 우리 부모님께 '내 경우가 되어 보시라'고 했던 것처럼 잠시 처지를 바꾸어 아이들 눈으로 세상을 보자는 말이지요. 그렇게 해야 아이들이 부모를 속이지 않고, 부모님도 스스로 자신을 속이지 않을 겁니다.

답 9 ⑧은 어쩔 수 없이 아이들 하는 대로 놔두고 '하긴 나도 그랬지. 그래, 봐주자. 내가 눈 한번 감으면 온 집안이 조용해지지.' 하시며 마치 이해하는 것처럼 행동하는 것이지만, 오히려 오해하는 방향으로 가기 쉽습니다. 부모님이 자신을 기준으로 사물을 판단하고 있기 때문이지요.

문제 29

우리 아이가 신경질적이고, 말투가 거칩니다. 그 원인이 어디에 있다고 보십니까?

- ① 내 잔소리 탓이다.
- ② 제 어미(아비)를 닮았다.
- ③ 사회 탓이다. 아이들이 노는 환경이 거칠다.
- ④ 학교 교육이 부실하다. 아이들 잘못을 바로잡아 주지 않는다.

세입자가 입주하려는데 그 집 창문 유리가 깨져 있었다면, 집주인은 세입자가 입주한 다음에라도 당연히 새 유리로 바꿔주어야 합니다. 그런데 값으로 따져 얼마 되지 않는 유리창 한 장을 제때 끼워주는 집주인이 흔치 않습니다. 심지어는 다음 세입자가 들어올 때까지 그냥 내버려두는 사람도 있습니다.

집주인 성격이야 어떻든 세입자가 권리를 제대로 행사하려면 집주인을 독촉해서 유리를 갈아 끼우도록 해야 할 겁니다. 그래도 집주인이 제때 끼워주지 않으면, 세 들어 사는 나그네가 우선 유리를 끼우십시오. 나중에라도 집주인에게 유리 값을 받으면 되니까요.

'집주인이 안 바꿔 주는 유리를 내가 왜 바꿔?' 하고 세입자도 버틴다면 할 수 없지만, 그 집에 살면서 깨진 유리 때문에 계속 찬바람을 쐬는 것은 결국 우리 식구일 뿐입니다. 게다가 그 깨진 유리를 볼 때마다 우리 식구들이 집주인을 욕할 테니, 공연히 유리 한 장 때문에 식구들 심성도 사나워지고, 못된 사람 집에서 살아야 하는 처지를 비관하게 됩니다.

그러니 차라리 세입자인 내가 유리 한 장을 새 것으로 바꾸어 끼고 그런 고민을 하지 않을 수 있다면, 설령 결국 집주인에게 유리 값을 못 받게 된다 해도, 그 집에 사는 동안 그 값을 충분히 뽑은 셈이 됩니다.

아이들 문제도 이와 비슷합니다. 문제가 많은 아이일지라도 스스로 알아서 마음을 고쳐먹기만 한다면 모든 문제를 아주 쉽게 해결할 수 있습니다. 그러나 그것이 당연한 일인데도 집주인이 척척 알아서 유리창을 끼워주지 않듯이, 아이가 스스로 깨달아 혼자 힘으로 변하려고 시도하기란 쉽지 않습니다.

그런데도 아이 문제가 심각해지면 부모님들은 아이만 쳐다보고 아이에게 집중하여 어떻게 해서든지 그 아이를 변화시키려고 합니다. 세입자가 집주인에게 계속 전화해대고, 목소리를 높이면서 유리를 빨리 끼워달라고 재촉하는 식이지요.

물론 그렇게 해서 집주인이 유리를 끼워주듯 아이가 바뀌면 다행입니다. 그러나 아이들의 문제는 도대체 어디서부터 어떻게 꼬였는지 너무 복잡해서 알 수 없는 경우가 대부분이므로, 여간해서는 그런 방법이 먹혀들지 않습니다.

그런데 어디가 어떻게 고장 난 것인지 확실히 모르면, 노련한 기술자들은 우선 가까이에 있는 쉬운 것부터 하나씩 짚어나간다고 하더군요. 각 부분에서 이상 유무를 확인하여 전체적인 것으로 나아가야 시간이 걸리더라도 고장 난 곳을 확실히 찾아낼 수 있다는 것이죠.

그러니 아이에게 문제가 많다고 생각될 때 부모님이 먼저 부모님 자신을 살펴보시면 어떻겠습니까? 내가 어쨌기에 우리 아이가 저렇게 되었을까를 하나씩 점검해보고 '그래서 그랬구나' 싶은 것이 있으시면, 그것부터 고쳐보시라는 것이지요. 집주인을 미워하게 된 것도 따지고 보면 유리창 한 장을 내가 먼저 끼울 수도 있다는 생각을 안 하기 때문이잖습니까?

답 1 부모의 잔소리 때문에 아이들은 집에 가면 대꾸하기가 싫답니다. 대꾸하면 그게 꼬투리가 되어 잔소리가 더 길어진다는 것을 잘 아니까요. 그런데도 자꾸 말을 시키면 짜증이 나면서 말투가 공격적이 된다는 겁니다. 구박하니까 밖으로 나다니고, 나다니니까 자꾸 구박하는 식이지요. 어른이 먼저 그 악순환의 고리를 끊어야 합니다.

문제 30

우리 아이가 음란물에 빠져 삽니다. 어떻게 하시겠습니까?

- ① 모르는 척한다.
- ② 틈틈이 확인하여 못 보게 한다.
- ③ 봉사단체에 가입하도록 권한다.
- ④ 신앙생활로 유혹을 벗어나게 한다.
- ⑤ 다른 취미를 갖게 한다.

우리 나라 청소년들은 꼭 음란물이 아니더라도, 문 밖으로 나서면 섹스와 포르노에 둘러싸여 있습니다. 그런 데다가 지금 부모들 형편으로는 아이들을 24시간 감시할 수도 없어, 아이가 음란물에 빠지는 것을 막지 못합니다.

언젠가 어느 부모는 딸아이 문제로 고민하더군요. 초등학교 4학년이던 딸이 음란물을 본다는 겁니다. 그때는 부모가 꾸중만 하고 넘어갔는데, 아이가 중1이 되자 또다시 그런다고 합니다. 그 부모는 맞벌이 부모였습니다. 아이는 부모들이 자기에게 관심을 두지 않는 것이 불만스럽다고 말합니다.

음란물은 겉으로는 아이가 부모 사랑을 제대로 받지 못해 그 허전함을 채우려는 수단처럼 보입니다. 그러나 실상 음란물은 부모 사랑과는 아무 상관이 없습니다. 자기에게 쏟아지는 꾸중과 비난을 부모의 약점을 이용하여 피하려는 것뿐이지요. 아이가 대학입시 준비를 핑계 삼아 마음 약한 부모에게 이것저것 요구하는 것과 마찬가지입니다.

더구나 오늘날 맞벌이 부부의 아이들이 모두 사랑을 못 받는 것도 아니고, 설령 사랑을 못 받는다고 그 아이들이 모두 음란물을 보는 것도 아닙니다. 부모가 아이와 같이 놀아준다고, 또는 아이를 크게 꾸중한다고 음란물을 보던 아이들이 갑자기 안 보는 일도 없습니다.

이런 현상을 두고 사회학자들은 아이들을 스펀지에 빗댑니다. 스펀지가 물에 푹 젖어드는 것처럼 아이들은 새로운 것에 금방 적응한다는 거지요. 그러나 스펀지에서 물이 빠져나오듯 아이들은 배운 것을 쉽게 잊고 새로운 것에 금방 싫증을 낸다고 합니다.

그렇다면 음란물을 심각하게 생각하지 않아도 됩니다. 그런 음란물이 처음 나돌기 시작한 서구 사회에서도 청소년들이 음란물 때문에 모두 다 망가지는 일은 없었습니다. 우리 아이가 서구 선진국의 청소년들처럼 성을 삶의 일부로 자연스럽게 받아들이기만 한다면, 이 문제는 한때 지나가는 소나기처럼 지나가고 말 것입니다. 마치 한때에 순정만화나 무협지에 빠지는 것과 같은 겁니다.

노련한 교사는 학교에 갓 입학한 초등학교 1학년생들이 교실에서 떠들 때, 조용히 하라고 혼내지 않습니다. 아이들을 슬그머니 운동장으로 데리고 나가, 실컷 뛰놀게 한 뒤 데리고 들어옵니다. 몸을 움직여 아이들의 기운을 빼면 아이들이 덜 떠든다는 것을 그 교사는 잘 알기 때문이지요.

즉, 아이가 자신이 지닌 열정을 음란물에 쏟지 않고 건전하게 태울 수 있도록, 태권도, 에어로빅, 수영 같은 취미를 권해보세요. 또는 봉사단체에 가입하여 자기 주변 사람들과 사귀게 해보세요. 이웃이 음란물보다 훨씬 더 유익하고 재미있다는 것을 알게 될 것입니다.

  **둘 중에 하나만 있어도 맞은 것으로 채점하세요.**

청소년들에게 음란물이란 누구도 구체적으로 일러주지 않는 성을 배울 수 있는 기회인 동시에, 손쉽게 시간을 보내는 수단이기도 하지요. 다만 그런 음란물은 정상적인 성행위가 아니라, 마치 만화처럼 실제보다 과장된 것임을 일깨워 주세요. 사실 성은 아주 더럽거나, 신비한 것이 아니며, 삶의 한 방식이라는 것을 알게 해주셔야죠.

컴퓨터 게임을 하더라도 가상세계에 빠지지는 말라고 하듯이, 음란물도 어디까지나 허구의 세계이고 어른들의 만화라고 말씀하시면 됩니다. 그게 쉽지 않으면 이웃 복지관이나 청소년 센터에서 운영하는 성교육 프로그램에 아이를 참여시키시든지요.

문제 31

학생 폭력의 근본 원인을 주로 어디에서 찾습니까?

- ① 퇴폐 향락적인 사회 풍토
- ② 서구 개인주의의 폐해
- ③ 이성(理性)과 대화가 통하지 않는 사회
- ④ 전통적인 유교 가치관의 붕괴
- ⑤ 학교 인성 교육의 실패

학생들 폭력 문제가 아주 심각하다며 여기저기에서 말들이 많더군요. 공청회를 열고, 신고 전화를 개설하고, 경찰은 일제 단속에 들어갑니다. 어떤 때는 텔레비전에서 충격적인 화면을 내보냅니다. 그러면서 우리 아이들이 언제부터 이 지경이 되었느냐고 놀라시더군요.

하지만 '언제부터였냐' 는 말 자체가 창피하지 않습니까? 아니면 알고 있었지만 남 보기 부끄러워 모르는 척하시는 겁니까? 지금에서야 정부며 언론이 이 문제를 제기하는 것은 호들갑일 뿐입니다. 이미 1980년대 초부터 수많은 교육자와 전문가들이 이대로 가다가는 큰일난다고 경고하며 처방을 내놓은 문제였기 때문입니다.

1970년대 말까지만 해도 남녀 학생들이 빵집에 같이 앉아 있다 적발되어도, 학교에서 이성교제라는 이름으로 징계할 만큼 온 사회가 아주 순진했습니다. 당사자인 학생뿐 아니라, 학부모도 이의를 달지 않았습니다. 그러다 1980년대 들어 엄청난 폭력이 난무하기 시작했지요. 예를 들어 전라도 광주에서는 국민을 지켜야 할 군인들이 나서서 폭도라고 뒤집어씌워 수많은 국민들을 죽였습니다.

그런데도 어른들은 아무 일도 없었다는 듯이 모두 침묵했습니다. 오히려 대학생을 비롯한 젊은이들이 숨겨진 진실을 드러내고자 독재 정부와 싸워야 했습니다. 이때부터 어른들은 위축되고 젊은이들의 목소리가 높아졌으며, 젊은이들은 어른들의 말을 믿지 않고 스스로 판단하고 알아서 행동하기 시작했습니다.

커다란 폭력을 겪은 뒤로도 사회 여기저기에서 크고 작은 폭력이 일어났지만 어른들은 한결같이 무심했습니다. 젊은이들이 군사독재 때문에 시위하다가 죽거나, 고문받다가 죽어도 어른들은 항상 뒷전에 있을

뿐이었습니다. 그리고 어린 학생들이 갈수록 점점 더 거칠어져도, 어른들은 아이들에게 교복을 안 입혀서 나빠졌다며, 사태의 본질을 보려고 하지 않았습니다. 그리고는 폭력에 대처한다면서 옛날 방식대로 학생들에게 다시 교복을 입히기 시작했습니다.

이렇듯 오늘날까지 어른들이 위선과 안일 속에서 살아와놓고 지금에 와서 청소년 폭력을 공권력으로 대처하자니 도대체 어쩌자는 겁니까? 청소년들이 폭력적으로 변하게 된 원인을 찾아 손을 써야 하는데, 너무 지나치게 결과에만 매달리는 것 같습니다.

지금은 무엇보다도 먼저 어른들이 청소년에게 사과해야 합니다. '내 탓이다, 우리가 비겁하게 살아왔다' 하며 고백하고, 진심으로 청소년을 끌어안겠다는 자세를 보여야 학생 폭력 문제를 해결할 수 있습니다. 폭력의 양쪽 당사자인 학생들은 모두 피해자이고, 기성 세대가 가해자입니다.

답 3 퇴폐와 개인주의는 서구 자본주의에서 시작된 것입니다. 그런데도 정작 근원이 되는 곳이 우리보다 폐해가 적다면 그게 원인이 아니었거나, 혹은 그곳에는 해결 방법이 있다는 뜻이지요. 결국 우리는 서구 자본주의의 장점은 외면하고, 단점만 받아들였다고 볼 수 있습니다.

문제 32

우리 집 사내아이가 여자 친구와 함께 있을 때 있었던 스킨십을 말하였습니다. 어떻게 하시겠습니까?

- ① 앞으로 네가 여자에게 집적거리면 가만 놔두지 않겠어. 그건 나쁜 짓이야.
- ② 나중에 크면 알게 되니, 지금은 절대 그런 짓하면 안 된다.
- ③ 스무 살이 되어 판단할 수 있을 때까지 기다려라.
- ④ 그러면 안 된다. 앞으로 그 여자 애와 무조건 만나지 말아라.
- ⑤ 그런 상황에서 자제하기는 어른도 쉽지 않다. 10대에 임신하는 것은 축복이 아니다.

많은 기혼자들이 배우자 외에 애인 사귀기를 원한다는 통계 결과가 발표된 적이 있어 사람들이 깜짝 놀랐지요. 이처럼 우리 사회도 원하든 원치 않든 성에 대한 인식이 과거와 다르게 빠르게 변하고 있습니다. 예를 들어 과거에는 외도에 대해 '남자들이라면 그럴 수 있는 일'로 여겼지만, 오늘날에는 '여자들에게도 일어날 수 있는 일'로 치지요.

그래서인지 오늘날 젊은 부모님들은 이성교제에 대해 비교적 관대합니다. 부모님들이 먼저 나서서 여자 친구를 집에 데려오라고 하기도 하고, 그 아이의 부모와 서로 터놓고 지내기도 합니다.

그러나 그렇다 해도 그것이 곧 우리가 묵인할 테니 너희들끼리 아무렇게나 처신해도 좋다는 뜻은 아닐 겁니다. 그러면서도 어른들이 아이들에게 성에 대해 제대로 일러주지 않고 확실한 선을 그어주지 않아 나중에 일이 잘못되어서야 후회합니다.

어른들이 아주 구체적으로 일러주어야만 합니다. 그런데도 청소년들이 성에 대한 지식을 부모나 교사에게서 배운다는 수치는 채 10%도 되지 않습니다. 대부분은 친구나 잡지 혹은 비디오로부터 익힌다고 합니다. 물론 잡지나 비디오라는 것은 제대로 된 성교육용이 아닌, 주로 저속하게 만든 것으로, 대개 자극적으로 과장된 내용을 담고 있습니다.

그런데다 사회에는 성적 자극이 넘쳐납니다. 이런 상황에서 청소년들이 성 지식을 제대로 익히지 못하면 성에 대해 편견과 환상을 갖기 쉽습니다. 성을 남녀 간 만남의 건전한 밑바탕으로 보지 않으며, 성적 매력을 성에 따른 차이나 임무 분담으로 생각지도 않습니다.

그래서 오늘날 청소년들은 성을 곧 성행위로 생각하고 우람하거나 늘씬한 몸매를 지니고 변강쇠와 옹녀가 되어야 하는 것으로 착각합니다. 말하자면 정상을 벗어난 호기심에 일을 그르치는 것입니다. 오죽하면 중학생들끼리 성관계를 맺고, 임신을 하는 일이 일어나겠습니까?

성교육은 금방이라도 아이들이 무슨 일을 저지를 수 있게 도와주는 것이 아닙니다. 오히려 그 반대지요. 성에 대한 세태 변화를 느끼면서도 부모님께서 망설인다면, 나중에 후회하셔도 소용없습니다. 성에 대해 말하기 어렵더라도 오늘날 현실을 이해하고 맞서 부딪쳐야 합니다.

여자 아이는 어머니가, 남자 아이는 아버지가 따로 맡아 일러주셔도 좋습니다. 물론 '여자는 원래 그렇다' 라든가 '남자는 늑대다' 라는 식의, 성에 대한 부모의 가치관을 일방적으로 심어주어서는 안 되고, 객관적인 지식을 자연스럽게 이야기해 주십시오.

답 5 청소년들은 스스로 다 컸다고 생각하고 성지식을 지금 알고 싶어하지요. 요즈음 아이들은 성장 속도가 빨라 심지어 초등학교 1학년 여자아이가 초경을 한다고도 합니다. 그러니 성 문제는 나중에 저절로 알게 될 때까지 마냥 미룰 수 있는 문제가 아니지요. '크면 다 알게 된다' 는 말은 너무 모호하고 무책임합니다.

서양에서는 남편이 전쟁터로 떠나며 집에 남는 아내에게 정조대를 채웠다고 합니다. 동양에서는 여자가 왜 정조를 지켜야 하는지를 가르쳐 여자 스스로 판단하게 하였지요. 이와 같이 오늘날 청소년에게 성은 금지해야 할 것이 아니라, 구체적인 현실이 어떤지를 설명하여 스스로 판단하도록 해야 할 문제입니다.

문제 33

우리 딸이 임신을 했습니다. 부모로서 당신은 가장 먼저 무엇을 어떻게 하시겠습니까?

- ① 네가 알아서 하라고 내쫓고, 호적을 판다.
- ② 남몰래 아이를 지우거나, 입양을 알아본다.
- ③ 어떤 식으로 대처할 것인지 딸을 데리고 전문가와 상담한다.
- ④ 사회 제도가 배려하지 않으므로 아이를 낳으면 키워준다.
- ⑤ 일단 결혼시킨다.
- ⑥ 상처받지 않도록 감싸고 위로한다.
- ⑦ 부모인 내가 집을 나간다.
- ⑧ 머리를 빡빡 깎아 외출을 못하게 한다.
- ⑨ 같이 죽자고 한다.

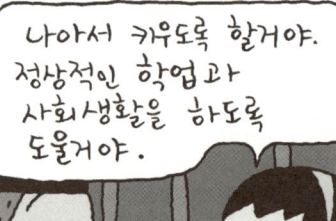

우리 나라 교육자들이 선진국을 방문해서는 중고등학교 안에 유아보육시설이 있는 것을 부러워하다가, 그 아이들이 대부분 그 학교 여학생들이 낳은 아이라는 소리를 듣고는 깜짝 놀란답니다. 우리 나라 상식으로는 여학생이 아이를 낳는다는 사실을 도저히 받아들일 수 없기 때문이지요. 그래서 보수적인 교육자들은 선진국이 도덕적으로 망했다느니, 미래가 뻔하다느니 하며 혹평을 합니다.

그러나 달리 보면 무조건 혹평할 일만은 아닙니다. 오히려 우리보다 훨씬 합리적인 처사라고 생각할 수 있습니다. 그 나라나 우리 나라나 여학생이 아이를 낳는다면 정상적으로 사회생활을 하기가 아주 힘듭니다. 왜냐하면 여학생 자신도 부모에게 도움을 받아야 학업을 계속할 수 있는데, 젖먹이가 딸렸으니 젖먹이를 제대로 키우기는커녕 자신의 학업도 지속하기 어렵기 때문입니다. 그래서 선진국에서도 학교 안에 보육시설을 갖추기 전에는 아이를 낳은 여학생들은 학교를 거의 그만 두어야 했고, 아기 아버지인 남학생도 학업을 포기해야 했습니다.

그러나 이렇게 어설프게 출발한 가정이 그 사회에 안정적으로 자리 잡기란 힘들지요. 그래서 그 세 사람은 대개 가난 속에서 헤매다 범죄에 빠져들거나, 사회의 밑바닥을 전전하게 되었습니다. 말하자면 두 젊은이가 사랑하여 낳은 아이가 축복이 아니라 불행의 씨앗이 된 셈이지요. 정상적으로 성장하여 나라에 이바지할 젊은이들이 오히려 그 사회의 부담이 되었으니, 국가적으로도 엄청난 손해를 보는 셈이었습니다.

그러니 한창 어려울 때 두 젊은 남녀가 주위로부터 얼마나 도움을 갈망했겠습니까? 바꿔 말하면 그들이 사회에 제대로 자리를 잡을 때까지 누군가 몇 년 동안 도와주기로 한다면, 한 가족 세 사람의 한평생을 제대로 도와주는 것입니다.

그래서 선진국에서도 미성년자들이 아이를 낳지 않기를 원하면서도, 일단 태어나면 그 아이도 우리 나라 국민이니 제대로 키워야 개인적으로나 국가적으로 이익이라고 판단하여, 중고등학교에 유아보육 시설을 짓기 시작한 겁니다.

물론 우리 나라는 사정이 다릅니다만, 일이십 년 뒤에는 청소년들의 출산이 개인 문제에서 사회 문제로 바뀔 겁니다. 그러니 선진국의 부모들처럼 자녀에게 피임 도구를 챙겨줄 수는 없다 하더라도, 이제는 성에 대해 어느 정도 솔직해야 합니다.

몸 간수 잘하라거나 여자는 늘 조심하라는 식으로 대충 넘어가려 하지 마십시오. 말할 용기가 없으면 성 교육 지침서라도 사다가 아이들 방에 슬그머니 넣어주셔야 합니다. 빠르면 빠를수록 좋습니다.

답 3 부모도, 딸도 처음 겪는 일이고, 정상적으로 감당하기 힘든 일이지요. 그쪽으로 지혜를 지닌 분들에게 도움을 요청하는 것이 좋습니다. 이미 벌어진 일이므로, 잘 수습하는 쪽으로 가족들의 역량을 모아야 합니다. 미성년인 딸에게 뒤처리를 몽땅 넘길 수는 없습니다. 그 딸은 지금 가족들의 사랑이 절실히 필요한 상황입니다.

점•심■시▲간 | 이것이 4교시 포인트!

1. 아이들 나이에 맞도록 의무와 권리를 함께 주세요

나이에 맞게 주변을 정리하지 않으면 갈수록 부모가 할 일은 많아지고, 자식들은 아무것도 할 줄 모르는 바보가 됩니다. 이제는 자식들을 믿고 나이에 걸맞게 일을 맡기셔야 합니다. 어디까지 일을 맡겨야 할지 모르신다면 친구분들의 충고를 따르세요.

2. 문제가 많은 아이, 관점을 달리해서 장점을 찾아 칭찬해주세요

관점이 다르면 똑같은 일도 달리 보입니다. 옛날에 우리 부모님더러 내 경우가 되어보라고 했던 것처럼 처지를 바꾸어 아이들 눈으로 세상을 보자는 말이지요. 그렇게 해야 이이들이 부모를 속이지 않고, 부모도 자신을 스스로 속이지 않을 겁니다.

3. 아이 문제가 심각해지면, 먼저 부모 자신을 잘 살펴보세요

아이에게 문제가 많다고 생각되면 부모님이 먼저 자신을 살펴보세요. 내가 어쨌기에 우리 아이가 저렇게 되었을까를 하나씩 점검해 보고 '그래서 그랬구나' 싶은 것이 있으시면, 그것부터 고쳐보시라는 것이지요.

4. 취미가 음란물보다 훨씬 더 재미있다는 것을 알게 해주세요

아이가 자신이 지닌 열정을 음란물에 쏟지 않고 건전하게 태울 수 있도록, 태권도, 수영 같은 취미를 권해 보세요. 봉사 단체에 가입하여 주변 사람들과 사귀게 해보세요. 취미와 이웃이 음란물보다 훨씬 더 유익하고 재미있다는 것을 알게 될 것입니다.

5. 성교육은 되도록 부모가 직접, 객관적이고 구체적으로

오늘날 청소년에게 성은 금지해야 할 것이 아니라, 구체적인 현실을 설명하여 스스로 판단하도록 해야 할 문제입니다. 이제는 성에 대해 솔직해야 합니다. 말할 용기가 없으면 성교육 지침서라도 사다가 아이들 방에 넣어주세요. 빠를수록 좋습니다.

점•심•시•간 | 지역별 청소년 상담기관

한국 청소년상담원
☎ 02)730-2000 www.kyci.or.kr
서울시청소년종합상담센터
☎ 02)2285-1318 www.teen1318.or.kr
서울시립보라매청소년수련관 청소년상담센터
☎ 02)834-1355 www.boramyc.or.kr
서울시교육청청소년상담센터
☎ 02)775-7887 www.sen.go.kr
동부교육청청소년상담센터
☎ 02)2233-7887 www.sendb.go.kr
서부교육청청소년상담센터
☎ 02)325-7887 www.sens.go.kr
남부교육청청소년상담센터
☎ 02)2677-7887 www.nambuedu.seoul.kr
북부교육청청소년상담센터
☎ 02)949-7887 www.ben.go.kr
중부교육청청소년상담센터
☎ 02)722-7887 www.senjb.go.kr
강동교육청청소년상담센터
☎ 02)3431-7887 edugd.seoul.kr
강서교육청청소년상담센터
☎ 02)2694-7887 www.gsedu.seoul.kr
강남교육청청소년상담센터
☎ 02)3444-7887 www.knen.go.kr
동작교육청청소년상담센터
☎ 02)884-7887 www.djedu.go.kr
성동교육청청소년상담센터
☎ 02)2297-7887 www.sensd.go.kr
성북교육청청소년상담센터
☎ 02)917-7887 www.seongbukedu.go.kr
부산시청소년종합상담센터
☎ 051)804-5001 www.cando.or.kr
대구시청소년종합상담센터
☎ 053)635-2000 www.teenhelper.org
광주시청소년종합상담센터
☎ 062)232-2000 www.kycy.or.kr

대전시청소년종합상담센터
☎ 042)257-2000 www.dycc.or.kr
울산시청소년종합상담센터
☎ 052)227-2000 www.counteen.or.kr
인천시청소년종합상담센터
☎ 032)429-5562 www.inyouth.or.kr
경기도청소년종합상담센터
☎ 031)237-1318 www.h1318.or.kr
부천시청소년상담센터
☎ 032)327-2232 www.zzang1318.or.kr
수원시청소년상담센터
☎ 031)212-1318 www.suwon1318.or.kr
고양시청소년상담센터
☎ 031)970-4003 www.koymca1318.or.kr
강원도청소년종합상담센터
☎ 033)256-2000 www.gycc.org
원주시청소년상담센터
☎ 033)744-1318 www.wj1318.or.kr
충북청소년종합상담센터
☎ 043)258-2000 www.cyber1004.or.kr
청주시청소년상담센터
☎ 043)261-0777 jouth.jsc.ac.kr/youth_02
충남청소년종합상담센터
☎ 041)554-2000 www.nettore.or.kr
전북청소년종합상담센터
☎ 063)275-2000 www.youthjb.or.kr
전주시청소년상담센터
☎ 063)227-1005 www.jjsangdam.or.kr
전남청소년종합상담센터
☎ 061)724-2000 www.gominssak.or.kr
경북청소년종합상담센터
☎ 052)859-2000 www.we7942.or.kr
경남창원시청소년종합상담센터
☎ 055)273-2000 www.specialfriend.or.kr
제주도청소년종합상담센터
☎ 064)746-7179 www.doum1004.or.kr

문제 34

당신이 '내가 너한테 안 해준 게 뭐가 있냐? 도대체 불만이 뭐냐?'라고 말하자, 오히려 아이가 당신에게 '그럼, 부모라고 나에게 해준 게 뭐가 있는데요?' 하고 대듭니다. 도대체 이 아이의 불만은 무엇이겠습니까?

☐ ① 집이 싫다. 자유롭고 싶다.
☐ ② 마음을 안 줬다. 관심을 두지 않는다.
☐ ③ 오빠, 동생을 차별하지 말라.
☐ ④ 부모 위치를 확실히 해라.
☐ ⑤ 물질적으로 잘 해주는 것만 사랑은 아니다.
☐ ⑥ 날 마음대로 하려고 하지 말라.
☐ ⑦ 지켜봐 달라. 간섭하지 말라.
☐ ⑧ 우리 세대를 이해해 달라.

무엇이든 모자라봐야 소중한 것을 안다고 하지요. 맑은 공기와 깨끗한 물이 그렇고, 자기를 지켜봐주던 가족이나 이웃사촌도 막상 주변에 없으면 허전합니다. 더구나 어른 아이 할 것 없이 즐거울 때보다 어려울 때 따뜻한 사랑을 더 그리워하게 마련이지요.

그런 면에서 따뜻한 가정과 가족은 아이들뿐만 아니라 모든 어른들에게도 가장 으뜸이 되는 안식처입니다. 대문을 열고 들어설 때 언제나 자기를 품어줄 수 있는 사랑이 있으면 어떤 어려움도 이겨냅니다. 옆에만 있어도 마음이 편하다면 가족들의 허물도 봄볕에 눈 녹듯 합니다. 부스스한 얼굴을 하고 속옷 차림으로 다녀도 괜찮고, 밥을 먹다가 방귀를 뀌어도 웃고 넘어갑니다.

그런 끈끈한 정 때문에 도둑조차 가족을 위해서라면 나쁜 짓을 마다하지 않습니다. 우리 가족이 내 어려움을 알아주리라는 확신이 있기 때문에 도둑은 들킬지도 모르는 두려움을 이겨낼 겁니다. 가족은 가족이니까 서로 속마음을 잘 알지만, 남들은 잘 모를 수밖에 없지요.

요즘 가정은 너무 삭막해 아이들이 마음을 기댈 데가 없는 것 같습니다. 아이들이 가족에게서 정을 못 느끼니 가정의 고마움을 알기는커녕 오히려 집에 있는 것을 불편해 합니다. 가족이 남보다 더 낯설어지면서, 결국 지금 누리는 모든 것을 포기하고 집을 떠나게 됩니다.

예를 들어 손님이 왔을 때는 좋은 그릇에 음식을 담아 내놓으면서, 가족들에게는 아무 그릇에나 음식을 담아 내놓으니까 가족들이 자신을 그 손님만 못하다고 생각하는 것입니다. 오죽하면 아이들이 예쁜 그릇에 담긴 맛있는 반찬을 먹으며 '손님이 매일 오셨으면 좋겠다'고 말하겠습니까?

그런데도 가출 청소년의 부모님들은 아이들에게 뭐든지 잘해 주었다고 말씀하십니다. 어쩌면 사랑 없는 풍요는 오히려 더 빨리 아이를 나빠지게 하는지도 모르겠습니다. 가족들이 많아도 사랑을 못 느끼면 들판에 혼자 서 있는 것이나 마찬가지니까요. 빈 집에 혼자 살면서 혼자 큰 셈이니 제멋대로 행동할 수밖에 없습니다.

우리 아이가 불량스런 아이들과 어울리는 것은 어떤 면으로는 그 아이들한테 가족보다 더 포근한 정을 느끼기 때문이지요. 그 친구들과 있으면 마음이 편하답니다. 경제적으로 넉넉한 집 아이가 가출하여 주유소와 단란주점을 떠도는 것도 그곳에서는 어떤 식으로든 자신의 존재가치를 느낄 수 있기 때문입니다. 말하자면 아이들은 가족들이 단란주점 주인만큼의 관심도 보여주지 않아 가출을 하는 것입니다.

사람이 살지 않으면 집이 금방 망가지더군요. 그만큼 사람의 온기는 사람에게든 사물에게든 활력을 불어넣어 줍니다. 아무도 없는 텅 빈 집에 들어설 때 느끼는 쓸쓸함을 아시잖습니까? 아이들이 부모를 찾을 때에는 옆에 있어야 합니다. 부모님들이야 먹고 사느라고 바빠서 그랬다고 하지만, 자식 다 잃은 다음에 잘 먹고 잘 살면 그게 다 무슨 소용입니까? 가출하는 아이만 나무랄 일도 아닙니다.

가족끼리 서로서로 귀하게 대접하지 않으면, 남들도 속으로 비웃습니다. 이런 것이 쌓이면 나중에 부모가 아이들에게 아무리 칭찬을 해도 아이들이 그 말을 안 믿게 됩니다. 그래서 옛날부터 같이 사는 가족을 소중하게 생각해야 천하도 감당할 수 있다고 한 것이지요.

답 **모두 정답으로 채점하세요.**
요즘 청소년들이 '부모가 해준 게 뭐가 있냐?' 라는 말에 담긴 속내를 그렇게 구체적으로 표현하였습니다.

문제 35

다음은 청소년들이 부모가 변덕스럽다고 하며 지적한 것입니다. 이 중에서 당신은 몇 개나 해당되는지 골라보세요.

- ① 술 먹었을 때 뭐 해준다고 약속해 놓고, 술 깨면 딴 소리한다.
- ② 용돈을 줄 때, 옛날 배고프던 시절 이야기를 곁들인다.
- ③ 칭찬에 인색하고, '학생은 말이야' 하면서 도덕을 늘어놓는다.
- ④ '공부 못해도 건강하면 된다' 고 해놓고, 공부 잘하는 다른 아이를 부러워한다.
- ⑤ 다른 사람에게 정직하라고 말하면서, 상대하기 싫은 사람에게 전화 오면 부모는 바쁘다고 거짓말을 한다.
- ⑥ 행선지만 밝히면 놀러가도 좋을 것처럼 말하다가, 막상 말하면 못 가게 한다.
- ⑦ 하고 싶은 일을 하면서 살라고 해놓고, 내가 선택하는 것은 뭐든지 반대한다.
- ⑧ 늦으면 전화하라고 해놓고, 막상 전화하면 빨리 들어오라고 신경질을 부린다.
- ⑨ 처음에는 사준다고 하더니 막상 사달라고 하면 비싸서 못 사준다고 딴 소리 한다.
- ⑩ 집에만 틀어박혀 있지 말라더니, 정작 나가 놀면 싸돌아다닌다고 야단친다.
- ⑪ 이성교제를 이해하는 것처럼 이야기하다가, 실제로는 적극 반대한다.
- ⑫ 기분 좋을 때는 평어(반말)를 받아들이다가, 기분 나쁘면 어른에게 존대하지 않는다고 혼낸다.

아이들이 졸업식을 마치면 이제 한 매듭을 마무리한 것입니다. 부모님이 그 동안 고생 많으셨지요. 축하합니다. 그러나 그 졸업식이 끝나면 사회에 진출하는 아이도 있고, 상급학교로 진학하는 아이도 있을 테니 새로이 각오를 다지기 전에 앞으로 아이들이 어떻게 살아야 할지를 생각해 보아야 합니다.

사람들은 어떤 사람을 두고 '저 사람 변했어. 전에는 안 그랬는데' 하고 욕을 하는가 하면, 어떤 때는 '저 사람 아직도 그대로야. 옛날과 똑같아. 조금도 변하지 않았어' 라고 비난하더군요. 말하자면 같은 사람을 두고도 변할 것과 변치 말 것을 동시에 요구하는 셈입니다.

변해야 하는 것부터 생각해 봅시다. 가난하게 살던 사람이 돈을 많이 벌게 되었는데 씀씀이가 그 전과 똑같다면 대개 가까운 사람들이 반발할 것입니다. 특히 가족들은, '과거에는 무조건 안 쓰고 살았지만, 이제 형편도 나아졌으니 쓸 때는 좀 쓰고 살자' 고 할 테고, 당사자는 '아직 쓸 때가 아니다' 라고 말하겠지요.

지금 주변에서 씀씀이에 대해 서운해 하고 있다면 쓸 때가 되었다는 뜻이니, 여유가 있으신 분은 옛날 생각을 해서라도 어려운 분들과 나누며 사셔야 합니다.

직장에서 승진을 하거나 나이를 먹어 윗사람이 되었는데도 마음 씀씀이가 전과 다르지 않다면 사람들이 뭐라고 하겠습니까? '저 사람은 그 자리에 어울리지 않아. 그릇이 작지' 하고 비난할 겁니다.

사람들은 어른이면 어른답게 처신하기를 기대하는 것입니다. 업무 지식에 아주 밝다든지, 아량과 포용력이 넉넉하다든지, 이것저것 자상하게 챙겨준다든지 하는 것들이지요. 아랫사람들에게 맛있는 음식을

사주는 것도 포함될 겁니다. 그러니 지위가 높을수록 부하 직원들이 내 뜻을 몰라준다고 서운해 하지 말고 윗사람부터 주어진 자리에 맞게 처신해야 합니다.

변하지 말아야 할 것도 있습니다. 텔레비전 연속극이지만 주인공이 출세하려고 애인을 배신하고 다른 사람을 사귀게 되면 많은 시청자들이 분노합니다. 아무리 어려워도 애인에 대한 사랑과 믿음이 흔들려서는 안 된다는 것입니다. 믿어왔던 사람이 뇌물을 받았다는 보도에 사람들이 펄쩍 뛰며 화를 내는 것도 그 때문입니다. 게다가 여건이 바뀌어서 돈깨나 벌었다고, 지위가 올랐다고 옛정을 끊는 사람들, 순수함을 잃는 사람들이 욕을 먹습니다.

 6개 이상이면 이미 부모로서 아이들에게 신용을 잃은 것입니다. 3개 이하만 맞은 것으로 채점하세요. 아주 듬직한 부모입니다.

문제 36

요즘 10대들, 형제와 친구들에게 양보하고 배려합니까?

- ① 기성 세대보다 이기적인 편이다.
- ② 기성 세대와 비슷한 것 같다.
- ③ 기성 세대보다 훨씬 낫다.

요즘 아이들이 너무 이기적이라고 하더군요. 제 것은 악착같이 챙기면서 남에게는 조금도 양보할 줄 모른다는 것입니다. 특히 공부를 잘하는 아이들일수록 더욱 그렇다고 하더군요. 그래서 부모님들은 아이가 어떤 일로 친구나 형제하고 다투기라도 하면 크게 나무라십니다. '욕심을 버려라, 양보해라, 다른 사람도 생각해라, 참을 줄도 알아야지' 하며 말입니다.

그리고 어른들이 '우리 어릴 때는 그러지 않았다' 고 하시는데, 사실은 '그러지 않았다' 가 아니라 '그럴 새가 없었다' 는 것이 더 정확한 표현입니다. 1960년대만 해도 모든 것이 넉넉하지 못해 '내 것, 네 것' 을 따질 형편이 못되었고, 1970년대까지도 제도적으로 학교는 지금처럼 경쟁이 치열한 곳이 아니었습니다.

예를 들어 '내신 성적 제도' 가 없을 때에는 옆에 있는 친구가 몇 점을 맞든 자신과 직접 관련이 없으니까, 시험 볼 때 감독 교사 몰래 정답을 일러줄 수도 있었습니다. 그러나 지금은 제도적으로 아이들을 서로 비교하여 등급을 매깁니다.

그런데 어떤 학생이 오랫동안 공책을 정성들여 정리해 놓았는데, 옆자리 친구에게 빌려주지 않는다고, 그 학생을 '이기적인 학생' 이라고 비난할 수 있겠습니까? 부모님 같으면 우리 가게 옆에서 물건 파는 사람들과 경쟁하지 않고 사이좋게 지내실 수 있습니까? 오히려 나이 많은 분들 중에는 광복과 한국전쟁 같은 큰일을 겪어서 그런지, 젊은이들이 보기에는 아주 작다 싶은 것인데도 손톱만큼도 양보하지 않는 분이 많습니다.

그러므로 아이들에게도 무리한 요구를 하지 않도록 하셔야 합니다.

아이들에게 이기심을 버리라고 하지 마십시오. 어느 시대, 어느 누구에게나 '이기심'은 있게 마련입니다. 이기심이 나쁜 것만은 아닙니다. 오

히려 아이들에게 욕심이 전혀 없다면 자기 발전도 이루기 어렵지요.

부모님이 자녀를 부처나 예수로 키우실 것이 아니면, '있는 욕심'을 버리라고 하지 말고 차라리 어느 것이 '타당한 욕심'인가를 일러주시는 게 좋습니다. 이기심을 어떻게 승화시켜야 하는지를 일깨워주셔서, 자신의 욕심과 다른 사람의 욕심을 적절히 조화시킬 수 있도록 도와주세요. 그래야 아이들이 현실적으로 사회를 배울 수 있게 됩니다.

가령, '네가 남에게 존경을 받고 싶으면 너부터 남을 존경해라. 내 핏줄이 소중하면 남의 핏줄도 소중한 법이다. 세상에 독불 장군은 없다. 작은 것을 탐내다가는 큰 것을 잃는다'라고 말씀하신다면 부모인 나는 과연 노동자를 진심으로 대하는 고용주인지를 돌이켜봐야 합니다. 결국, 사회는 상대적인 사람들이 만나 갈등하는 곳이고, 그런 것을 잘 조화하려고 노력하는 곳이기 때문이지요.

답 3 과거 기성 세대들이 광복과 한국전쟁 이후 혼란 속에서 생존하기에 바빴다면, 요즘 청소년들은 그때보다 훨씬 안정된 사회에서 정상적으로 성장한 편입니다. 따라서 젊은이들의 사회성이 기성 세대보다 훨씬 건전하고 바람직합니다. 그러므로 집과 사회에서 제대로 일러주고 모범을 보여주기만 하면 아이들은 말귀를 알아들을 겁니다.

자녀와 함께 상의해서 하나씩 기준을 구체적으로 그어보시지요. 맛있는 반찬을 지금 몇 사람이 먹어야 하는지를 계산해 보면, 한 사람이 어느 정도 먹어야 할지 알 수 있습니다.

문제 37

다음 중 대화에 쓰는 말투는 어떤 것일까요?

① 왜 짬뽕을 먹니, 탕수육을 먹지?
② 그런 짓 하다가 들키면 혼나지.
③ 나는 얌전한 애가 좋더라.
④ 다 잊어. 나도 그런 적이 있었어.

자는 아이를 억지로 깨우면 아이가 짜증을 내고, 깜짝 놀라게 하면 아이가 놀라서 울음을 터뜨립니다. 그런데 아이의 그런 모습을 귀여워하는 어른들이 있지요. 이런 어른들은 자기 기준으로 아이를 일방적으로 대하는 때가 많은 분입니다.

'상호적'이라는 것은 상대방과 대등한 위치에 있을 때 쓰는 말입니다. 대화의 첫째 조건은 이 상호적인 관계를 유지하는 것입니다. 그래서 부모님들이 아이들과 이야기 몇 마디를 나눈 것을 모두 대화라고 할 수는 없습니다. 겉으로 언뜻 보면 대화인 것 같아도 상호 평등한 관계가 깨진 경우가 많기 때문입니다.

예를 들어 어느 한쪽이 주도권을 쥐고 이야기를 끌고 나간다면 그것은 결코 대화라고 할 수 없습니다. 가령 아이들에게 '너, 왜 그래? 그렇게 하지 말고 이렇게 해'라고 하셨다면, 이 말은 명령이고, 자기 의견을 강요하는 말입니다.

그리고 '또 그랬다가는 다리몽둥이를 분질러놓을 줄 알아'라고 하셨다면 이 말은 협박입니다. 또 '네가 성공한다면 내 손에 장을 지진다'는 말은 익담이며, 저주이지요. '사람이란 자고로 부지런해야 하는 법이야'라고 하셨다면 이 말은 설교입니다.

아이들에게 '나도 어릴 때 다른 사람 돈을 훔친 적이 있단다'라고 말씀하시면 아이가 조금은 위안을 받겠지만 결국 그 나쁜 버릇을 고치지는 못할 겁니다. 또, '우리 집안 형편을 봐라. 너도 그만한 것은 알아야지. 그럴 수 없으니 잘 생각해봐라'라는 말은 충고이며 설득입니다.

심지어, '잘 했어. 그런 놈은 진작 한번 맞았어야 해. 괜찮아. 걱정하지 마'하고 말씀하셨다면 이 말은 칭찬입니다. 아이가 겪은 상황을 어른이 판단하여 정당성을 부여한 것이니, 그 아이는 앞으로도 부모 눈치를 봐가며 다른 아이를 때릴 것입니다.

'사람이란 실수할 수도 있는 거지. 다 그런 거야. 너도 나중에 커봐라' 하는 말은 어른들이 자기 실수를 합리화하고 변명하는 말이지요.

'학생이 어떻게 그런 짓을 할 수 있어? 앞으로 똑바로 행동해' 하는 말은 아이를 몰아세우며 비판하는 말이지요. '그래, 네 마음대로 해. 엄청 출세하고 오래오래 아주 잘 살겠지.' 같은 말은 상대방을 비꼬며 조롱하는 말입니다.

지금까지 예로 든 것들은 어떤 인간 관계에서든 상대방에게 써서는 안 되는 말투입니다. 한쪽이 일방적으로 주도권을 쥔 말투이기 때문입니다. 어른들이 말을 이렇게 하니까 아무리 대화를 하자고 해도 아이들이 마음을 열지 않고 어른들을 피하려고 하는 것이지요.

위에서 설명한 대로라면 대화하기가 무척 어렵다고 생각되시겠죠? 그러나 이야기를 끝내고 마음이 서로 후련하면 대화를 한 것입니다. 상대방을 알게 되어 기쁘고, 기회가 닿는 대로 만나서 또 이야기하고 싶으면 제대로 대화를 한 것입니다.

답 3 이 경우에는 두 사람의 이야기가 계속 이어질 수 있으나, 나머지 경우에는 더 이상 이야기가 진행되지 않습니다. ①은 자기 생각을 강요하는 말이어서 짬뽕을 먹든, 탕수육을 먹든 마음이 불편할 것입니다. ②는 은근히 겁을 주는 말로, 그 뒤로 그런 짓을 하지 않거나, 했으면 들키지 않으려 조심할 것입니다. ④는 '남들도 그러고 사는구나' 싶어 위로는 되겠지만 그 일이 궁극적으로 해결된 것은 아닙니다.

문제 38

아이에게 동사무소에 가서 인감증명서를 떼어오라고 했는데, 아이가 엉뚱하게 주민등록등본을 떼어 왔습니다. 그때 아이들은 부모에게 이런 말을 들었다고 합니다. 이런 부정적인 말 중에서 당신은 몇 개나 해당되는지 골라보세요.

- ① 너 때문에 못 살아.
- ② 그 나이에 그것도 못 하니?
- ③ 앓느니 죽지.
- ④ 가만히 있는 게 도와주는 거다.
- ⑤ 다시는 너를 시키나 봐라. 너를 시킨 내가 잘못이지.
- ⑥ 너 왜 그러니? 정신을 어디다 두고 다니냐?
- ⑦ 누가 뭐라고 하면 딴 짓하지 말고 제대로 들어라.
- ⑧ 밥값도 못하는구나. 차라리 개를 시키지.
- ⑨ 네가 그렇지. 그럴 줄 알았어.
- ⑩ 나가 죽어라. 네가 제대로 하는 게 뭐가 있어.
- ⑪ 멍청한 놈. 잘 한다! 잘 해.
- ⑫ 내가 갔다 오고 말지.

많이 배우고 발이 넓은 어른조차 나이를 먹고도 실수할 때가 있습니다. 그럴 때 사람은 모름지기 남에게는 관대해야 하며 자신에게는 엄격해야 한다고 말합니다. 그러나 우리 주변에는 나이를 먹을수록 관대해지기는커녕 남 탓을 하는 사람이 많습니다. 자기가 하는 것은 다 옳다고 우기다가, 나중에 그렇지 않은 것으로 드러나면 '사람이 살다보면 실수할 수도 있는 거지' 하고 변명하지요. 이런 사람일수록 다른 사람의 실수, 특히 아이들의 잘못을 조용히 넘어가는 법이 없지요.

물론 옛 말씀처럼 행동하기가 쉽지는 않을 겁니다. 그러나 아무리 그래도 아이들은 완성된 인격체가 아니니까 미숙할 수도 있겠다고 인정해주어야 합니다. 아직 모든 것에 어설프고 생각이 짧은 아이들로서야 어른보다 당연히 실수가 더 많을 수밖에 없으니까요.

'우리 애는 어째서 이렇게 간단한 구구단 하나 제대로 못 외울까?' 싶어도, 따지고 보면 부모는 어른으로서 그 정도 수준은 지났기 때문에 쉬워 보이는 것뿐입니다.

게다가 아이들은 대개 주변에 있는 어른들의 행동을 따라하며 사회성을 익힙니다. 오죽하면 학자들이 '아이는 어른을 비추는 거울'이라고 하겠습니까? 예를 들어 부모님이 아이를 제대로 대접하지 않으면 그 아이도 남을 대접할 줄 모릅니다.

그런 아이는 눈치만 밝아서 부모가 하는 대로 하기만 하면 적어도 부모에게 야단맞지 않으리라는 것도 잘 압니다. 그러므로 만약 지금 어떤 아이가 다른 애들을 괴롭히거나 부모 말을 지독히 듣지 않는다면, 그것은 알게 모르게 그 부모한테 배운 대로 하는 것입니다.

이런 이치로 보면 아이들은 거의 백지나 다름없습니다. 어른들이 색

칠하는 대로 바뀔 뿐이지요. 아이가 옆에 있는데도 부모가 태연하게 상대방에게 거짓말을 하면, 그 아이는 그것을 살아가는 방식으로 알고 그대로 배웁니다. 아이들을 조심조심 다루어야 하는 이유는 그만큼 아이들이 어른보다 예민해서 상처받기 쉽기 때문입니다. 더구나 아이들 문제를 깊이 따져보면 부모님 탓이 더 클 때가 많습니다.

어른들이 좀더 아이들을 기다려주셔야 합니다. 어른도 실천하기 힘든 것을 아이에게 강요하시면 안 됩니다. 물론 부모님이 스스로에게 엄격하여 성실하게 사시는 분이라면 구태여 아이들에게 무엇을 강요하지 않아도 됩니다. 부모가 세상 사는 기준이 되고 아이를 진심으로 사랑하는데, 어찌 그 자식들이 흔들리겠습니까?

 6개 이상이면 이미 부모로서 아이들에게 신용을 잃은 것입니다. 이 중 어떤 말도 절대 쓰지 말아야 합니다. 하나라도 있으면 틀린 것으로 채점하세요. 긍정적인 태도는 다음과 같습니다. 동사무소, 구청을 평소에 함께 갑니다. 아이가 실수할 수도 있다고 생각하고 받아들입니다. 심부름 내용을 혼동하지 않도록 종이에 적어주든지, 분명히 설명한 뒤 동사무소에 다시 보냅니다.

문제 39

집안 형편이 어려운데, 어느 날 우리 아이가 다른 아이들도 다 있다며, 70만 원짜리 휴대폰을 사달라고 조릅니다. 어떻게 하시겠습니까?

☐ ① 어떻게 해서라도 사준다.
☐ ② 지금 돈이 없으니 나중에 사주겠다고 약속한다.
☐ ③ 70만 원이 얼마나 큰돈인 줄 아느냐고 아이를 혼낸다.
☐ ④ 사주고 싶어도 그럴 형편이 되지 않는다고 집안 상황을 설명한다.
☐ ⑤ 그 비싼 휴대폰이 학생 분수에 맞지 않는다고 설득한다.

현대 자본주의 사회에서 사람들이 행복을 추구하기 위해서는 어느 정도 경제적인 뒷받침이 있어야 합니다. 예를 들어 누군가 친구와 막걸리 한잔 할 수 있는 여유를 꿈꾼다 해도, 만약 돈도 전혀 없고 시간도

없다면 그것이 아무리 작은 소망이라도 비극일 수밖에 없지요.

언젠가 어느 부부를 보니 남편은 자기에게 돈이 없어 아내가 불행해졌다고 하고, 아내는 남편 잘못 만나서 고생하고 있다고 하더군요. 그래서인지 그 남편은 아내 앞에서 무슨 큰 죄나 지은 것처럼 늘 기가 죽어 있었습니다.

말하자면 그 남자는 한 여자를 행복하게 해주려고 결혼한 것이고, 그 여자는 한 남자에게 기대어 행복하게 살려고 결혼한 셈입니다. 그러니 앞으로도 그 부부는 형편이 좋지 않다 싶을 때면 한쪽은 계속 미안해하고, 한쪽은 계속 투덜거리며 살 겁니다.

오늘날 많은 부모들이 이런 남편처럼 돈 때문에 아이들 앞에 당당히 서지 못합니다. 아이들 옷이며 휴대폰, 엠피쓰리, 디지털 카메라가 쓸 만하다 싶으면 몇 만 원에서 몇 십만 원씩이나 합니다. 다른 집 부모들은 어찌 그리 돈을 잘 쓰는지 우리 아이 보기가 미안할 때가 많습니다.

하다못해 돈 안 들이고 아이들과 말동무라도 해주고 싶어도 마음으로만 끝납니다. 그런 부모들은 돈 때문에 열심히 일하면 일할수록 한가하게 아이들과 노닥거릴 틈을 만들지 못하기 때문입니다.

그럴 때 부모님은 '세상에 공평치 못한 부분도 많다 싶고, 내가 부모가 되어 우리 아이조차 제대로 뒷바라지하지 못하는구나' 싶어서 울적해지시겠지요.

그러나 그렇다고 자신을 탓하지는 마십시오. 부모님이 가족들 고생시키려고 '일부러' 못 사는 것은 아니지 않습니까? 그러니 앞으로는 경제적으로 힘들다 해도 아이들에게 '미안하다'는 말을 입버릇처럼 하지 마십시오. 아이들은 그 말에 익숙해지면 자신도 모르는 사이에 모든 것을 부모 탓으로 돌리게 됩니다.

그렇게 되면 앞서 이야기한 부부처럼 모두 불행해지는 셈이지요. 실제로는 부모가 자식을 열심히 챙기고 있는데도, 부모는 미안해하고 자식들은 투덜대는 상황에서 벗어나지 못할 테니까요.

가족이란 서로 사랑하기 때문에 힘든 것을 참고 조금씩 양보할 수 있는 사람들입니다. 이해 관계를 따져 서로 호강하자고 만난 사이는 아니지요. 그러니 아이들을 넉넉히 뒷받침하지는 못해도 하늘 부끄럽지 않도록 열심히 살고 있다면 아이들에게 미안해하지 않으셔도 됩니다.

아이들이 철이 덜 들어 가끔 부모 마음을 아프게 하더라도, 나중에는 그런 아이들이 진짜로 효도하게 되니 너무 서운해 마십시오. 열심히 사는 모습처럼 아름다운 것도 없습니다.

아마도 아이들은 필요할 때마다 돈을 척척 내주던 부모보다 자신이 하는 일을 이해하고 묵묵히 지켜봐준 부모를 더 존경할 것입니다.

답 4

①은 앞으로 더 큰 요구에 부딪치게 됩니다. 말만 꺼내면 사주는 식으로 아이를 길들였으니까요. ②는 그 순간만 넘긴 셈이라 불씨는 여전히 남습니다. 자식 이기는 부모가 없기 때문에 언제고 반드시 사주셔야 합니다. 약속 기간이 마냥 길어지면, 다른 일로 부딪쳐도 아이들은 "언제 나에게 뭐 사준 적 있냐?"고 말할 겁니다. ⑤는 대개 강요로 끝나기 쉽습니다. 그래서 아이들도 다음부터는 이치와 논거로 부모를 설득하려 하지 않고, 대개 억지를 부려 욕구를 관철시키려고 합니다.

문제 40

공부도 못하고 아무런 재주도 없는 우리 아이에게 학원비를 주실 때 어떤 생각이 드십니까? 있는 대로 골라 보세요.

- ① 공부를 잘 하면 얼마나 좋을까?
- ② 헛돈 쓰는 거 아냐?
- ③ 다음 달 성적이 오르지 않으면 그만 다녀라.
- ④ 생활비가 빠듯한데 겨우 주는 거다.
- ⑤ 한숨이 나온다.
- ⑥ 나처럼 학원비를 척척 주는 부모도 없을 거다.
- ⑦ 옆 집 애들은 집이 어려워서 학원을 안 다녀도 공부만 잘 한다는데.
- ⑧ 미리미리 좀 이야기해라.
- ⑨ 땅 파봐라, 10원이 나오나.
- ⑩ 1등만 해봐라. 학원비 아니라 더 한 것도 준다.

사회 전반적으로 옛것에 대한 향수를 진하게 느끼면서 1960~1970년대의 촌스럽던 옷차림새도 지금 패션으로 유행합니다. 또 어떤 텔레비전 프로그램에서는 옛 사람을 찾아주기도 있지요. 이런 현상은 우리 사회가 옛것을 좋아해서가 아니라 이제 옛날을 되돌아볼 여유가 생겼기 때문에 일어나는 겁니다.

어쨌든 나이 많은 분들이 친구며, 은사며, 이웃들을 찾는데, 여러 가지로 어렵던 시절을 살아서인지 대개 가슴 아프고 힘들었던 추억을 지닌 채 상대방을 찾더군요. 이런 점으로 보면 사람들은 대개 즐거웠던 추억보다 힘들었던 때를 더 생생하게 기억하고, 그때 옆에서 잠깐 거들어 준 사람을 두고두고 고마워하는 것 같습니다.

그러므로 다른 사람을 도와주려면 어려운 때일수록 더 힘껏 도와주어야 합니다. 물론 조건을 두지 않고 상대방을 사랑한다는 것이 말처럼 쉽지는 않습니다. 지금은 부모조차 자기 자식에게 '네가 말만 잘 들으면 얼마든지 해줄 수 있어'라고 말씀하시지요. 사랑하는 사람들끼리도 조건을 걸고 '네가 그 따위로 하는데 내가 너한테 잘할 것 같냐?'고 말합니다. 이웃 사람들은 상대방을 믿지 못하고 '네가 엉뚱한 곳에 쓸까 싶어 꿔줄 수 없다'라고 말하지요.

그렇게 되면 두 사람의 인간 관계는 당연히 그것으로 끝입니다. 아이도 '우리 엄마가 다른 엄마만 같아도 나도 잘 할 수 있다'라고 조건을 두며 끝내 부모에게 마음을 열지 않을 겁니다. 연인이며 이웃도, '그만 뒤라, 너 아니면 사람이 없냐, 돈이 없냐?' 하며 자존심 때문에라도 영영 돌아설 겁니다.

언제까지 이렇게 싸우실 겁니까? 어른이 먼저 이해하고, 넉넉한 사

람이 먼저 베풀어야 합니다. 사랑은 조건을 따지는 것이 아니며, 믿는 만큼 오가는 법입니다. 어려움에 처했을 때 그 아이를 믿고 거들어주어야 그게 진짜 사랑이지, 도와주면 딴짓 할까 싶어 의심한다면 그것은 간섭일 뿐이지요. 배고프던 시절에 베푼 조그마한 호의가 사랑받은 사람의 가슴속에 영원히 기억되고 있잖습니까?

그러니 어려워하거나 힘들어할 때 아이들을 믿고 거들어주는 부모가 훌륭한 부모입니다. 진실이 통하고 사랑을 느끼게 되면 그 아이도 느끼는 것이 있을 테고, 텔레비전에서 본 것처럼 나중에는 보고싶어하는 사람으로 그 아이 가슴에 남을 겁니다.

답 표시한 것이 3개 이상이면 틀린 것으로 채점하세요.

물론 이 말을 속으로 삭여야지 어느 하나라도 겉으로 드러내시면 안 됩니다. 마음으로는 아이를 믿는다 하면서도 어떤 부모든 돈 앞에 장사 없지요. 돈을 벌기 힘든 만큼 아이가 그 돈값을 하기를 바라는 것도 부모 마음입니다. 하지만 이럴 때일수록 조건을 따지지 않는 사랑을 보여주세요. 그것이야말로 부모의 몫이지요.

문제 41

요즘 아이들이 부모 마음을 모른다고 하지만, 그러면 요즘 부모는 아이들 마음을 얼마나 이해하고 계십니까? 있는 대로 골라보세요.

- ① 컴퓨터 게임방에 가보았다.
- ② 아이들과 인기그룹 공연을 가보았다.
- ③ 아이들이 좋아하는 일본 만화를 보았다.
- ④ 최근 3개월 동안 학교 담임에게 전화한 적이 있다.

부모 자식 간에 서로를 이해하지 못할 때 오해가 쌓이게 됩니다. 예를 들어 부모가 저 멀리 있는 아이를 큰소리로 불러도 아이가 못 알아들으면 대답하지 않습니다. 그런데도 어머니는 목청껏 소리 지르던 감정에서 벗어나지 못하고 '수백 번을 불러도 도대체 어른 말을 말같이 여기지 않는다'며 야단을 칩니다.

그러나 따지고 보면 아이가 잘못한 것은 하나도 없습니다. 그 아이가 어머니를 무시한 것이 아니라 무슨 소리를 하는지 못 알아들은 것뿐입니다. 귀찮고 번거로워도 어머니가 아이에게 다가가 제대로 한 번만 말하면 될 일이었습니다. 그런 요령으로 아이에게 다가가 대화하면 아이의 말썽이란 것도 의외로 손쉽게 해결될 때가 많습니다.

물론 아이들도 부모 처지를 제대로 이해하면 말썽을 부리지 않을 것입니다. 그 아이가 지금 우리 집 상황을 몰라서, 쉬운 길을 놔두고 부모가 힘들어하는 곳으로 가려는 것뿐이죠. 그러므로 평소에 아이들과 집안일에 대해 이런저런 이야기를 많이 나누는 것이 좋습니다.

그러나 이를 잘 알면서도 부모와 자녀 간에 대화가 거의 없는 것 같습니다. 아이들 말로는 '밥, 숙제, 공부' 같은 뻔한 이야기를 빼면 실제로는 부모와의 대화 시간이 하루 30분도 채 되지 않는다고 하는군요. 먹고 살기에 바쁘기 때문이라고 하지만 나중에 아이들이 큰일을 저지른 다음에 후회하지 말고, 지금 억지로라도 시간을 내서 아이들과 이야기하셔야 합니다.

아이들이 부모를 꺼리는 것은 부모를 대화 상대로 보지 않기 때문입니다. 예를 들어 부모에게 말해보았자 부모 생각이 너무나 확고하여 아무 소용이 없고, 오히려 혼나기 쉽다고 판단한다면 가슴속에 있는 이야

기를 쉽게 털어놓을 리 없습니다. 그러니 아이들과 이야기하고 싶으면 아이들이 다가올 때까지 기다리지 말고 마음을 열고 부모님의 생각을 표현하세요. 고정 관념이 강한 부모도 다음 몇 가지 요령만 지키면 아이들과 대화를 할 수 있습니다.

첫째, 이야기의 초점을 아이 쪽으로 돌리지 마십시오. 예를 들어 "네가 그럴 줄 몰랐다, 네가 그런 짓을 하면 안 된다" 하고 말씀하시지 말고, "나는 이것을 이렇게 생각한다. 나는 너에게 이렇게 해주려고 했다" 같이 부모님 생각을 말씀하셔야 합니다.

둘째, 아이의 이야기를 중간에 끊지 말고, 끝까지 들어야 합니다. 다 듣고 나서는 화를 내지 마십시오. 그리고 말꼬리를 잡아 아이를 야단치셔도 안 됩니다.

셋째, 아이와 이야기할 때 '왜'라는 말을 넣지 마십시오. '그게 왜 싫어? 왜 안 먹어?' 하고 말씀하시지 말고, '나는 그게 좋던데' 하며 부모님 생각을 말씀하십시오.

넷째, 아이에게 부모의 처지를 이해시키려 하거나 억지로 설득하려고 하지 마십시오. 부모님 생각을 강요하면 다음부터는 아이들이 더 이상 부모님과 이야기를 하지 않을 것입니다.

요즘 아이들이 철부지인 것 같아도 초등학교 3학년만 넘으면 어느 정도 사리분별을 합니다. 그러니 부모의 이야기를 듣고 아이가 자기 나름대로 판단할 수 있도록 좀더 기다려주세요. 아이는 부모가 어떻게 만들 수 있는 대상이 아닙니다. 차라리 부모님 생각을 말씀하셔서 아이들이 부모님을 판단하고 느끼게 해주시지요.

 넷 중 하나 이상 선택하셨다면 맞은 것으로 채점하십시오.
요즘 세대를 이해하려고 노력하는 부모님입니다. 네 개를 모두 선택한 부모는 오히려 극성스런 부모일 수 있습니다.

| 쉬●는■시▲간 | 이것이 5교시 포인트!

1. 가족 간에는 서로서로 귀하게 대접해주세요
아이들이 부모를 찾을 때에는 옆에 있어야 합니다. 먹고 사느라고 바쁘다 하시지만, 자식 다 잃은 다음에 잘 먹고 잘 살면 무슨 소용입니까? 가족끼리 서로 귀하게 대접하지 않으면, 남들도 비웃습니다. 아이들도 나중에는 어떤 칭찬을 해도 믿지 않습니다.

2. 아이의 이기심이 다른 사람의 욕심과 조화될 수 있도록 해주세요
아이들에게 이기심을 버리라고 하지 마세요. '있는 욕심'을 버리라고 하지 말고 어느 것이 '타당한 욕심'인가를 일러주세요. 이기심을 어떻게 승화시켜야 하는지 일깨워주셔서, 자신의 욕심과 다른 사람의 욕심을 적절히 조화시킬 수 있도록 도와주세요.

3. 어른도 실천하기 힘든 것을 아이에게 강요하지 마세요
좀더 아이들을 기다려주셔야 합니다. 어른도 실천하기 힘든 것을 아이에게 강요하시면 안 됩니다. 부모가 세상 사는 기준이 되고 아이를 진심으로 사랑한다면, 어찌 그 자식들이 흔들리겠습니까?

4. 아이가 어려움에 놓였을 때, 아이를 믿고 도와주세요
혹시 아이들에게 '네가 말만 잘 들으면 얼마든지 해줄 수 있어', '네가 그 따위로 하는데 내가 너한테 잘할 것 같으냐?' 라고 말씀하시나요? 아이가 어려움에 놓였을 때 믿고 도와주어야 진짜 사랑이지, 도와주면 딴짓 할까 의심한다면 그것은 간섭일 뿐이죠.

5. 평소 아이와 대화를 많이 나누세요
아이가 다가올 때까지 기다리지 말고 마음을 열고 부모의 생각을 표현하세요. 가능하면 이야기의 초점을 아이 쪽으로 돌리지 말고 부모의 생각을 말하세요. 이야기를 중간에 끊지 말고, 다 듣고 나면 화를 내지 마세요. 대화 중 '왜~' 라는 말을 사용하지 말고 아이를 억지로 설득하려 하지 마세요.

| 쉬●는▪시▲간 | 독 서 지 도 · 독 서 토 론 · 독 서 치 료

강백행의 책 읽어주는 선생님 www.mymei.pe.kr
고도원의 아침편지 www.godowon.com
골터마을 www.gol.pe.kr
국민독서문화진흥회 www.readingnet.or.kr
궁리닷컴 www.kungree.com
글나라 www.gulnara.net
글사임당 www.glsaimdang.com
꿈꾸는 시인 booknara.new21.net
독서교재 www.erw.co.kr
독서아카데미포럼 www.seri.org/forum/reading
독서치료학회 www.bibliotherapy.or.kr
독서토론사회실천연대 www.booktalk.or.kr
독서학교 www.chac.co.kr
리딩웰 www.readingwell.co.kr
벅스북 www.bugsbook.com
사이버 독서교실 my.dreamwiz.com/hyodo
신금희의 사이버독서클럽 heenara.x-y.net
아가피아 www.agapia.or.kr
아이북랜드 www.ibookland.com
아이와 www.iwaa.co.kr
알짬터독서토론한마당 cafe.daum.net/alzzamto

어린이 인터넷 독서교실 www.bookfriend.er.ro
엄지북 www.umjibook.co.kr
유아독서교육연구소 www.kokbook.com
이가령의 해야해야 rheekr.wo.to
이든교육 cafe.daum.net/GoodBook
이영식목사님의 독서치료 www.bibliotherapy.pe.kr
인터넷 책사랑 members.nate.com/ibooklove
전국독서새물결모임 www.readingkorea.org
중앙독서교육 www.readingnet.or.kr
책구경 책마실 stuaca.netian.com
책사랑방 zoe2070.x-y.net
책으로 만드는 따뜻한 세상 www.readread.co.kr
책친구친구 www.chack.7979.to
책키북키 www.book-reading.or.kr
푸름이닷컴 www.prumi.com
한국독서교육개발원 www.kredi.co.kr
한국독서능력개발원 www.readingcenter.or.kr
한국독서지도연구회 www.readingclinic.or.kr
한샘독서논술연구원 hansaem.chosun.com
한우리북 www.hanuribook.com

문제 42

우리 아이가 공부는 잘하는데 대학교에 진학하지 않겠다고 하거나, 부모가 원하는 길과는 다른 방향으로 가려고 할 때 우선 어떻게 하시겠습니까?

- ① 아이를 설득하여 부모 말에 따르게 한다.
- ② 아이의 선택이 얼마나 현실적인지 알아본다.
- ③ 아이 말에 일리가 있으면 따른다.
- ④ 아이 말을 무시하고 강요한다(네가 나중에 부모 말이 옳았다는 것을 알 거다.)
- ⑤ 네 마음대로 해보라고 내버려둔다.

통계에 따르면 한 해에 수학능력시험을 치르는 학생이 60만 명쯤 되는데, 수능점수가 만점의 절반에 못 미쳐도 원하면 4년제, 2년제 대학에 갈 수 있다고 합니다.

어쨌든 대학입학 정원을 넘는 10만 명 정도는 일단 '낙방생'이 됩니다. 그래서 입시 때마다 언론에서는 그 낙방생들에게 '용기를 잃지 말라'고도 하고, '지금부터 새로 시작하라'거나, 심지어 '잊어버리라'고 하지만, 알고 보면 그게 모두 입에 침도 안 바르고 하는 거짓말입니다.

돌아서기만 하면 사회 여기저기에 '일류대 수석' 합격자 이야기가 넘쳐납니다. 어려운 집안에서 일류대 수석 합격자가 나오기라도 하면 기자들은 보도를 하는 것이 아니라 아예 소설을 씁니다. 어느 평범한 시골 학생이 죽을 힘을 다해 공부해서 평범한 대학에 들어가보았자 사회에서는 전혀 관심을 두지 않습니다.

사회가 '최고, 최대'에만 관심을 두는 탓에 합격한 사람조차 소외감을 느끼는 판입니다. 그런 언론이 입시에 실패한 학생들에게 용기를 내라고 하니, 그 '입시 낙방생'들은 그 말을 '진심이 담긴 위안'으로 받아들이기 어려운 것이죠.

그러니 우리 아이가 대학 입시에 실패했거나, 원하는 대학에 입학하지 못해 가슴 아파하면 가족들이 나서서 다독여 주십시오. 부모님들이 나서서 더 속상해 한다고 일이 잘 풀리는 것도 아닙니다.

부모님부터 확신을 가지십시오. 그 아이들은 기성 세대가 그어놓은 획일적인 기준에서 탈락한 것뿐입니다. 인간성 평가에서 낙방한 것이 아니니, 인생이 끝난 것이 아니지요. 지금의 제도로는 수험생이 지니고 있을 법한 착한 심성과 성실함은 물론, 손끝에 달린 재주도 제대로 평가할 수 없습니다.

그러니 수능 점수에 맞추어 적성이나 능력에 상관없이 '우선 붙고 보자'며 대학에 진학한 학생보다 지금 실패한 학생들이 지닌 역량이 훨씬 클지도 모릅니다.

　어떤 청년은 은행의 컴퓨터 통신망을 제 집처럼 휘젓고 다니다가 걸려서 교도소에 갔다왔는데, 대기업에서 그 재주를 긍정적으로 승화시키겠다고 그 청년을 채용한 일도 있었습니다. '서태지'가 공고 1학년을 중퇴하고, 저하고 싶은 방식대로 노래를 부르며 성공한 것도 우연만은 아닐 것입니다.

　이처럼 재주를 마음껏 살릴 수 있는, 다양성을 인정하는 세상에 살면서도 아직까지 대학 진학만을 인생의 큰 목표로 삼는다면 그야말로 답답한 일입니다.

　그러니 우리 아이가 입시에 실패한 것은 어쩌면 '일류대 법대'를 나와 판·검사가 되는 것보다 더 잘된 일인지도 모릅니다. 실패를 거울삼아 자신을 제대로 돌이켜보고 미래를 위해 꾸준히 노력한다면, 오히려 이 아이가 훗날 '진정한' 승리자가 될 수도 있습니다.

답 2　학교에 가지 않고 연기 학원을 다니겠다고 하면, 그 아이가 연기 학원에 대해 얼마나 잘 알고 있는지 같이 다니며 확인해 보는 것이 좋습니다. 아이가 현실보다 꿈에 부풀었는지도 모르기 때문입니다. ⑤는 무책임한 행동입니다. 미성년자에게 모든 책임을 떠맡기시면 안 됩니다.

문제 43

똑똑한 우리 아이가 사회적 인식도 낮고 보수도 형편없는 직업을 선택하려 하거나, 부모가 평소 전혀 생각지도 않던 성직자(수녀, 신부)가 되려한다면 어떻게 하시겠습니까?

- ① 미친 놈! 정신 나간 소리하고 있네.
- ② 하필 왜 그거야?
- ③ 왜 그런 생각을 했어?
- ④ 네 마음대로 해라.

직업에 귀천이 없다는 말은 거짓말입니다. 그런 말을 하는 사람들일수록 대개 대학을 졸업하고 남들이 부러워하는 곳에서 일하거나 경제적으로 여유있는 사람들일 가능성이 큽니다. 만약 그런 집 아이들에게 건축 막노동 같은 육체 노동이나 단순 노동 혹은 더럽고 위험한 직업을 선택하도록 권한다면 아마 펄쩍 뛸 겁니다.

그러니 우리는 서로 다 알면서도 뻔한 거짓말로 위안을 삼고 사는 셈입니다. 그래서 우리 부모들은 아이들이 사회적인 위치도 높고, 고급스러운 직업을 선택하게 하려고 무슨 일이 있어도 대학에 보내려 합니다.

사회 분위기가 그렇다 보니 대학에 진학하지 않는 학생들이나 실업계 고등학생들은 늘 패배자로 취급됩니다. 과거에는 머리 좋은 학생들이 갔던 실업계 학교를 지금은 성적이 처지는 학생들이 가는 곳쯤으로 여깁니다.

어른들은 실업계로 진학하는 학생들을 위로한답시고 '나중에라도 너희들의 노력 여하에 따라 얼마든지 대학에 갈 수 있다'고 말합니다. 하지만 사실 실업계 학생들은 인문계 학생들이 따라오지 못할 재능을 키워 실업계 졸업생다운 몫을 해야 합니다.

다행히 세상이 빠르게 변화하면서 직업에 대한 인식도 함께 변하고 있습니다. 대기업의 부회장을 지낸 후, 전문 웨이터로 일하는 사람에 대한 이야기는 너무나도 잘 알려져 있습니다. 특히 아이엠에프 사태 이후 우리 국민들이 바깥 세상으로 눈을 돌리면서, 대기업에 근무하던 사람이 직장을 그만 둔 뒤 구두를 닦으며 살아도 별다른 편견없이 바라볼 수 있을 만큼 의식이 성숙했습니다.

학자들은 이런 현상을 두고, '21세기에는 자기가 하고 싶은 일을 하며 살게 된다'고 설명합니다. 지금보다 직업이 훨씬 다양해지면서 뛰어난 재주 한 가지만 갖고 있어도 잘 살 수 있으며, 한평생 수없이 변신할 수도 있다고 합니다. 모두가 최고를 추구하던 과거에는 성공한 한두

사람을 제외한 나머지는 모두 패배자였지만, 사람들마다 하고 싶은 것이 각기 다른 미래에는 모든 사람이 승리자가 될 수 있다는 겁니다.

아이들이 소질에 상관없이 의사나 변호사가 되어야 한다면, 그것은 부모님이 살아온 20세기 삶의 방식이지, 결코 21세기 아이들의 인생은 될 수 없습니다. 혹시나 부모님이 이루고 싶었던 꿈을 아이들에게 강요하는 것은 아닌지 생각해보십시오.

그러니 지금 부모님들이 어떤 직업에 종사하시든지 나쁜 짓 하며 먹고사는 것이 아니라면 자식들 앞에서 당당해야 합니다. 그리고 아이들이 건강하고 바르게 크도록 뒷바라지하시면서, 우리 아이에게 무슨 재주가 있는지 유심히 살펴보세요. 만약 부모님 눈에 아이 재주가 보이지 않으면 전문가에게 알아봐달라고 하시구요.

답 3 이럴 때 부모의 가치 기준에 따라 판단하기 쉽습니다. 어떤 것이든 아이가 그렇게 결정한 과정을 일단 들어보세요. 부모의 생각을 이야기할 기회는 나중에 얼마든지 있습니다. 물론 어떤 직업을 선택해도 행복할 수 있다는 믿음으로 말씀하셔야 합니다. 아이들의 꿈이란 하루에 열두 번도 더 변합니다. 지레 흥분할 일이 아닙니다.

문제 44

텔레비전에 빠져 사는 우리 아이, 텔레비전을 어떻게 생각하십니까?

- ① 공부에 방해가 된다.
- ② 나쁜 것을 배운다.
- ③ 세상을 폭넓게 배우지 못한다.
- ④ 건강에 해롭다.
- ⑤ 너무 자극적이다.
- ⑥ 지나치지 않으면 보게 한다.

칼이 요리에 쓰이면 맛있는 음식을 만드는 도구가 되지만, 범죄에 쓰이면 흉기가 됩니다. 그렇다고 어른들이 아이들을 위해 이 세상의 모든 칼을 없애버리거나, 완전히 감출 수 없다면, 칼이 있더라도 범죄에 쓰지 않도록 칼을 제대로 쓰는 법을 가르쳐야 합니다.

그런데도 우리는 지금까지 칼을 눈앞에서 치우는 방식으로만 청소년들을 대하였지요. 한때 유행하던 다마고치와 삐삐(호출기), 명품 운동화를 떠올리면 우리의 교육 방식을 쉽게 이해할 수 있을 것입니다. 유행을 어떻게 대처할 줄 몰라, 학교에 들여놓지 말라는 식으로 무조건 금지만 하였지요.

지금은 휴대폰이 삐삐의 전철을 밟고 있습니다. '많이 쓰지 말아라, 그렇게 전화만 붙들고 있을래, 휴대폰이 공부에 도움이 되냐, 학생에게 휴대폰이 왜 필요하냐?' 이런 식입니다. 아주 오래전에는 중학생들이 수학여행을 가다가 사고가 났다고, 정부에서 수학여행을 전면 금지하기도 했습니다.

많이 배우고 성숙한 어른들조차 집에 들어서면 텔레비전을 켜고, 애국가가 나올 때까지 무심히 시간을 죽입니다. 부모님 같은 어른도 결심을 하고 실천에 옮기는 일이 쉽지만은 않습니다. 그러니 미숙한 청소년이 한칼에 단호하게 텔레비전을 끊기는 더더욱 어렵겠지요. 그래도 텔레비전을 끝내 못 보게 하시렵니까? 텔레비전을 보는 것이 다 부질없는 짓일까요?

아이들은 학교에 가면 어제 방송되었던 드라마와 코미디 프로그램 내용을 화제로 삼습니다. 드라마를 못 본 아이가 있으면 본 아이가 상황을 자세히 설명합니다. 그게 미흡하면 옆 친구가 거들고, 이야기를 끝내면 탤런트들의 연기력이며, 드라마 속 인물의 됨됨이를 평가합니다. 이렇게 수다를 떨면서 아이들은 동질감을 느끼고, 우정을 나누고 스트레스를 풉니다.

부모님들은 친구를 만나면 이웃이나 동료 이야기를 입 밖에도 내지 않고, 어떤 선수가 골을 넣었는지도 이야기하지 않고, 어떤 연예인이 또다시 헤어졌는지에 전혀 관심을 두지 않습니까? 언제나 국가를 걱정하고, 교육 현실을 개탄하고, 삶의 깊이를 성찰합니까?

따지고 보면 현대인에게 텔레비전처럼 손쉽고, 유익하면서 재미를 주는 매체도 드뭅니다. 텔레비전을 통해 전달되는 세상은 아주 넓고, 때로는 감동적입니다. 이제 세상은 텔레비전 방송과 인터넷 없이는 살 수 없게 되었습니다. 오죽하면 집집마다 텔레비전이 거실 한가운데 자리를 잡고 있겠습니까?

어른들이 텔레비전의 영향력을 아직도 대수롭지 않게 여기는 것은 그게 삶의 방식이 아니었던 시절에 자란 탓이거나, 또는 아이들의 사회성을 생각지 않고 우리 아이만 따로 떼어 생각하기 때문입니다. 깊은 산 속에서 우리 가족만 살면 텔레비전을 안 볼 수 있습니다. 그러나 남과 더불어 살아야 하는 사람은 차라리 아이와 몇몇 프로그램만 보기로 약속하고 적극적으로 대처하여, 아이가 텔레비전을 극복하도록 해야 합니다.

답 6 '지나치지 않을' 정도의 기준을 아이와 머리를 맞대고 상의해보세요. 사람마다 성향이 다른 만큼 기준도 모두 다릅니다. 만약 텔레비전을 보느라고 아이가 그날 하겠다고 약속한 일을 다음날로 미룬다면, 텔레비전이 삶을 주도하는 셈이지요.

문제 45

우리 아이가 제 스스로 컴퓨터 장만할 돈을 마련하겠다며 건축공사장의 막노동 보조로 일하겠다고 합니다. 어떻게 하시겠습니까?

- ① 학생 때는 공부나 하라고 타이른다.
- ② 기특하다고 칭찬한다.
- ③ 네가 알아서 하라고 놔둔다.
- ④ 쓸데없는 짓을 하지 말라고 혼낸다.

지역 차이는 있지만 1980년대 초만 해도 교사가 시골에서 리어카를 끌고 아이들과 함께 삽질을 하면 시골 노인들이 굉장히 신기하게 바라보았습니다. 교사 같은 지식인이 막노동을 한다는 것이 이상해보였던 모양입니다. 그러나 그때 시골 노인들은 교사들의 부모 역시 농사꾼이고, 건축 노동자이며, 장사꾼이라는 것을 몰랐던 겁니다.

지금 마흔 줄에 접어든 학부모들이 어렸을 때에는 집안일 같은 육체노동은 생활의 일부로, 부모님 일을 거들어드리는 당연한 행위였습니다. 그런데 요즈음엔 아주 천한 것이 되었습니다. 예를 들어 어떤 아이가 주유소에서 아르바이트를 하겠다거나, 길에서 구두를 닦는 아르바이트를 하겠다고 하면 대개는 부모님들이 말리십니다. '네가 뭐가 아쉬워서 그 짓을 하냐?' 는 것이지요.

학교에서는 잘못에 대한 처벌로 아이들에게 육체노동을 시키기도 합니다. 화장실 청소를 시키고 운동장 잡초를 뽑게 하지요. 그러니 아이들은 간단한 육체노동을 보람으로 생각하는 것이 아니라 귀찮은 것으로 여깁니다. 나중엔 육체노동은 당연히 해야 할 일이기 때문에 하는 것이 아니라, 처벌이기 때문에, 많이 배우지 못했기 때문에 하는 것으로 인식합니다.

가정과 학교는 물론, 사회에서도 육체노동을 소중하게 생각하지 않는 것 같습니다. 궂은일에 종사하는 사람을 우습게 압니다. 그래서 육체노동이 직업인 사람들은 직업을 숨기려 하지요. 입으로는 '노동자가 흘리는 땀은 소중한 것이다. 땀 흘려 일하지 않는 자는 먹지도 말라' 고 하지만, 이 말을 즐겨 쓰는 사람들은 대개 그런 노동을 하지 않습니다.

사회적 직위가 오를수록 손가락 하나 움직이려 하지 않습니다. 궂은 일이나 힘든 일은 당연히 아랫사람들 몫이라고 생각하지요. 나이가 들어서도 마찬가지입니다. 몸으로 해야 할 일이 많은 것을 두고, 대개는 '내가 팔자가 더러워 이 나이에도 이 짓을 하는구나' 하고 생각합니다.

아이엠에프 사태 이후 여기저기에서 그런 인식이 많이 바뀌었습니다. 그러나 아직도 많은 대학생들이 각종 고시 공부에 매달리고, 실업계 고교 졸업생들은 사무직에만 종사하려고 합니다. 손가락으로 까닥까닥 지시하는 직업을 출세한 것으로 여기는 것 같습니다.

그러나 귀하고 천한 노동이 따로 있는 것이 아닙니다. 그저 사람 사는 방식이 좀 다른 것뿐입니다. 육체 노동은 부끄러운 일이 아닙니다. 정신 노동이나 육체 노동이 모두 소중하게 생각되고, 또 그게 서로 맞물려 돌아가야 개인과 사회가 모두 건강해집니다. 소질과 능력에 따라 종사해야 할 직업이 다른 것뿐이지요. 물론 이것은 우리 사회에서 땀 흘려 일하지 않고 떼돈을 벌려고 했던 풍토 때문에 생긴 현상입니다.

그러나 그렇게 살면 끝이 좋지 않다는 사실이 아이엠에프 사태로 입증되었습니다. 영원히 갈 것 같던 재벌들이 수없이 쓰러졌습니다. 건전한 노동을 통해 돈을 번 것이 아니라 썩은 정부에 뒷돈을 대고 특혜를 받았거나, 사놓았던 땅값이 올라 부자가 되었던 것이기 때문입니다.

지위가 높아졌으니, 나는 많이 배웠으니 편하게 살 수 있다고 생각하는 사람이 많을수록 그 사회는 썩습니다. 개인이든 나라든 사람들이 책상머리에만 앉아 있으려고 하면 그 미래는 암담할 수밖에 없습니다.

답 2 선진국 청소년들이 틈틈이 아르바이트를 하는 것이 쓸데없는 짓은 아닐 겁니다. 이것저것 배우고 익혀서 나쁠 것은 없지요. 그러니 아르바이트 때문에 그 아이의 생활 주기가 깨지지 않도록 옆에서 잘 도와주셔야 합니다.

문제 46

우리 아이가 아르바이트를 하겠다면 우선 무엇부터 따지십니까? (3개)

- ☐ ① 주변 환경은 건전한지? 학생 신분에 맞는 곳인지?
- ☐ ② 많이 힘들지 않은지?
- ☐ ③ 편하고 재미있는지?
- ☐ ④ 돈 많이 받는지?
- ☐ ⑤ 아이가 할 수 있는 것인지?
- ☐ ⑥ 아이 마음에 드는지?
- ☐ ⑦ 공부가(학업에) 방해되지 않는지?
- ☐ ⑧ 이웃 사람들 눈에 안 띄는 곳인지?
- ☐ ⑨ 나중에 어떤 도움이 될지?
- ☐ ⑩ 일찍 들어올 수 있는지?

오래 전, 어른들이 아이들에게 노동을 권장하며 노동의 가치는 소중한 것이라고 가르치던 때가 있었지요. '외국에서는 부잣집 아들도 제 손으로 돈을 벌고, 많은 학생들이 식당에서 접시를 닦아 용돈을 번다'고 말씀하시기도 했습니다. 그래서 그때 아이들은 아침마다 아버지 구두를

닦고 용돈을 타기도 하고, 새벽에 일어나 신문을 돌리기도 했습니다.

그런데 이제 우리 젊은이들도 원하기만 하면 할 수 있는 일거리가 사회 여기저기에 상당히 많아졌습니다. 지금 생각해 보니 선진국 젊은이들이 한다던 그 일이, 오늘날 우리 젊은이들이 공사판이나 주유소, 패스트푸드 점이나 패밀리 레스토랑 등에서 땀을 흘리며 아르바이트를 하는 형태가 아니었나 싶습니다. 어쨌든 오늘날 젊은이들이 부모에게 기대지 않고 제 손으로 돈을 벌려고 하는 것이 정말 대견스럽습니다.

방학이 시작되면 본격적으로 아르바이트를 해보려고 하는 아이들도 많습니다. 그 아이들은 그 자리가 얼마나 고생스러운 자리인지, 보수가 어느 정도인지를 따지겠지요. 그리고 아마도 손쉽고 재미있으면서도 큰돈을 벌 수 있는 쪽을 선택할 것입니다. 왜냐하면 아이들은 때로 너무 단순해서 '이왕이면 좋은 게 좋은 것 아니냐' 하며 '좋은 것'을 '많은 것'과 같은 의미로 받아들이기 때문입니다. 물론 어른 중에도 그렇게 생각하시는 분이 많습니다.

그러나 재물이 무조건 많으면 좋을 것 같지만, 재물에 대한 욕심은 끝이 없습니다. 예를 들어 '저 나이에 저 정도면 굉장하다' 싶은 부자도 정작 알고 보면 더 큰 재물을 추구한다는 것입니다.

그러니 아이들이 아르바이트를 통해 노동의 가치를 배우고 자립심을 익히려다가, 자칫하면 재물을 좇아 자기 노동력을 파는 식이 되어버립니다. 그런 상태가 계속되면 아이 성품이 바뀌기도 하지요.

그러니 방학 때 아이들이 아르바이트를 하겠다고 하면, 부모님이 반드시 그 기준을 그어주셔야 합니다. 부모님들이 평소에 '최소한 이 정도 재물은 있어야 우리가 생활할 수 있겠다' 하고 따져보듯이, 우리 아이 성격과 나이에 이쯤이면 되겠다 하는 기준을 제시하고 허락하셔야 합니다.

아이까지 생업에 뛰어들지 않아도 되는 집이라면, 아르바이트로 큰 돈을 버는 것이 마냥 좋은 것만은 아니라고 반드시 일러주셔야 합니다.

답 1 5 6 **세 개 중 두 개 이상 겹치면 맞은 것으로 채점하세요.** ⑨의 경우, 직접적으로 어떤 도움이 될지를 바라지 말고, 오히려 나중에 이 일이 아이 인생에 걸림돌이 되지는 않을지 살펴보아야 합니다. 젊은 시절에 좋지 않은 과거를 만들어서, 평생 그 멍에에서 벗어나지 못하는 경우도 많습니다.

문제 47

다람쥐 쳇바퀴 돌듯 매일 반복되고 새로울 것이 없는 이 현실을 어떻게 보십니까?

- ① 가족 때문에 아까운 청춘(세월)을 죽인다.
- ② 내 능력을 발휘하지 못해 불쌍하다.
- ③ 그것이 인생이고 부모이다.
- ④ 언젠가 이 현실을 훌쩍 벗어버리겠다.
- ⑤ 발 뻗고 편하게 살날을 기대하며 산다.

가출했다가 다시 돌아오는 아이들 말이, 알고 보니 사회란 곳이 그리 재미있는 곳은 아니더라는 겁니다. 가출하고 부모의 간섭이 없어 자유로운 것도 하루이틀이지, 그 시간만 지나면 아주 심심하다는 것이지요. 게다가 같이 놀 친구도 없고, 돈이 없으니 사회가 자유롭기는커녕 오히려 무서운 곳이라는 것을 깨닫게 되었다고 하더군요.

그러나 아직도 많은 청소년들이 어른이 되면 사회에서 할 수 있는 일이 많아 재미있게 살 수 있을 것이라고 생각하고 있습니다. 다시 말해 요즘 청소년들은 어른들은 아주 즐겁고 재미있게 사는 사람이라고 생각한다는 것입니다.

물론 우리 사회가 청소년들이 즐길 만한 놀이를 넉넉히 제공하지 못하기 때문에 청소년들이 그렇게 생각할 수도 있습니다. 하지만 그것은 어른들이 인생의 의미를 제대로 일러주지 못했기 때문이고, 일부 어른들이 말초적인 자극만을 즐기며 살고 있기 때문입니다.

인생이란 비슷비슷한 삶이 매일 반복되는 것이기 때문에 지겨울 때가 있습니다. 주위를 둘러보아도 다들 그렇게 살고 있지, 텔레비전 드라마에서 보는 것처럼 날마다 애절하고 즐겁고 진하고 자극적으로 사는 사람은 별로 없습니다. 그런데도 일부 어른들은 드라마처럼 사는 것을 꿈꾸며, 오늘 보내야 할 하루가 지겹다며 짜증을 냅니다.

하지만 정말 만에 하나, 드라마에서처럼 식구들끼리 헤어져야 하고, 가족 중 누군가 병원에 입원하여 시한부 인생을 살고 있다고 생각해 보십시오. 상상만 해도 끔찍할 겁니다. 다른 사람 일이니까 애절하다는 생각도 드는 것이지, 막상 그 일이 우리 집 일로 닥친다면 가정 파탄으로 이어집니다. 남자들이 군대를 잠깐 다녀오기 때문에 여러 가지 일들이 추억으로 남는 것이지, 직업 군인처럼 군대가 일상인 사람들에게는 전혀 새삼스러울 것 없는 것이지요.

아이들을 키우는 일이며 사람 사는 일이 그전 같지 않습니다. 그래도

어른들이 지금 주어진 현실을 피하려고 해서는 안 됩니다. 남들이 썩고 나왔다는 군대에서도 어떤 사람은 사회에 필요한 기술을 익혀 자격증을 따고 꿈을 키웁니다.

그런데도 부모가 현실에 부딪치려 하지 않고 말초적인 자극을 찾으면, 아이들도 허황된 꿈을 실제로 믿게 됩니다. 미래가 현재를 바탕으로 하는 것인데도, 그런 집 아이들은 미래를 위해 준비하는 것이 별로 없으면서도 얼른 자라 어른이 되려 하고, 이상한 쪽으로만 슬쩍슬쩍 어른 흉내를 내게 됩니다.

농부가 하루하루를 조용히 보내는 듯해도 가을이 되면 풍성하게 그 결실을 수확하듯이, 인생도 성실한 하루하루가 쌓여야 풍성해지는 것이 아닌지요?

오죽하면 자식 키우는 일을 농사에 비유하겠습니까? 치열한 경쟁과 생활고 속에서도 아이들이 별탈없이 하루하루를 보내고 건강하게 자란다면 이보다 더 고맙고 행복한 일이 어디 있겠습니까?

답 3

'발 뻗고 살 만하니까 죽는다'는 말이 있습니다. 인생이란 늘 긴장하며 사는 것이고, 그 긴장의 끈을 놓는 순간 모든 것이 끝난다는 말이지요. 결국 성인 남녀가 만나 아이를 낳고 부모가 되면, 죽을 때까지 발 뻗고 편하게 잘 날이 없습니다.

하지만 '옛날이 좋았다'는 것은 그 당시 내가 삶을 책임지지 않았으니까 힘들지 않았다는 뜻입니다. 세상 물정 전혀 모르는 철부지를 부양하려고, 그 시절 우리 부모도 나 때문에 발을 뻗지 못하고 살았습니다.

문제 48

살아가면서 아이가 힘든 일에 부딪칠 때 이겨내기를 원하십니까? 지금 어떻게 키우십니까?

- ① 그래서 일부러 집에서도 일거리를 만들어 고생시킨다.
- ② 나중에 커서 할 때가 되면 하겠지 하고 지금은 그냥 놔둔다.
- ③ 기회가 되면 국토 종단, 극기 훈련에 참여시킬 참이다.
- ④ 스키, 축구, 재즈댄스처럼 제가 하고 싶은 것을 밀어준다.

나이 많은 기성 세대는 일본의 식민통치와 동족 간의 전쟁을 겪어야 했지요. 요즈음 부모도 최근까지 그에 못지않은 강압적인 정치 체제와 후유증에 시달렸습니다. 그렇게 힘들게 살아서인지 어떤 분들은 요즈음 젊은이들이 고생을 너무 모른다고 혀를 끌끌 차십니다. 요즘 아이들이 호강에 겨워 남에게 기대려고만 하고, 약해 빠졌다는 거지요.

그래서 어떤 부모님은 '젊어서 고생은 사서도 한다'며 때로는 쉬운 길을 놔두고 아이들을 일부러 고생시킵니다. 그래야 나중에 어려운 일에 부딪쳐도 쉬 이겨낼 수 있다는 거지요.

그런데 또 어떤 부모님은 자신이 겪은 고생을 생각하며 아이들을 고생시키려고 하지 않더군요. 기성 세대가 겪어야 했던 고생처럼 지독한 고생이 또 있을 수 있겠냐는 것이지요.

말하자면 아이들 평생에 한 번 있을까 말까 한 우환을 대비한답시고 아이들이 싫어하는 것을 억지로 시킬 필요가 있느냐는 거지요. 이런 분들은 오히려 제대로 놀고 제대로 쓸 줄 아는 아이들이 나중에 큰일을 한다며, 조금 힘들다 싶어도 자식 뒷바라지를 확실히 하려고 합니다.

어떤 학자는 인간의 역사적 진전이란 과거보다 좀더 자유롭게 되는 것이라고 하더군요. 예컨대 사회가 성숙할수록 사람들이 경제적인 어려움에서 점점 벗어난다든지, 정치적인 억압에서 자유로워진다든지, 문화적인 혜택을 풍족하게 누릴 수 있게 된다는 것입니다.

과거 하루에 한 끼 먹던 기준으로 따지면, 요즘 젊은이들은 거저먹는 것 같지만, 그래도 그것이 순리라는 것이지요. 부모님들이 자식들을 여러 면으로 자유롭게 해주려고 지금까지 노력했듯이, 그 아이들도 커서 또 자기 자손들을 좀더 편하게 해주려고 노력하리라는 겁니다.

그렇다면 부모님들이 아이들을 뒷바라지하실 때에는 미래에 우리 아이가 모든 어려움에서 벗어날 뿐 아니라, 모든 굴레에서 자유로워지는 데 초점을 맞추어야 할 겁니다. 즉 앞으로 살아야 할 미래를 기준으로 해서 아이들을 가르쳐야지, 과거에 매달려 부모가 자기 생각을 강요해서는 안 됩니다.

다시 말하면, 부모가 살던 방식으로 아이들을 '어떻게' 만들려 하지 말고, 시대적 흐름에 따르자는 말이지요.

부모가 먼저 사고방식을 바꾸어야 아이도 변합니다. 자식보다 '삶을 좀더 일찍 시작한 선배'로서 이 세상을 함께 살아간다고 생각하시면 어떨지요?

답 4 한때 기성 세대는 아이들을 혹독하게 키워야 한다고 생각했습니다. 추운 교실에서 벌벌 떠는 아이들에게 '참는 것도 교육'이라고 했지요. 교복을 맞출 때도 3년 뒤를 생각하고 큰 것을 장만하는 바람에 아이가 몸에 맞지도 않는 옷을 입고 다녔습니다. 물론 3년 뒤에는 옷이 낡아서 몸에 맞추어 늘이지도 못했지요.

알고 보면 우리 사회가 궁핍해서 경제적인 여유가 없었던 것이지, 아이들을 일부러 혹독하게 키운 것은 아니었습니다. 오히려 찌든 삶을 복지 제도로 극복한 선진국 아이들이 훨씬 슬기롭고 인간답게 삽니다. 그러므로 할 수만 있다면 바로 지금 우리 아이가 좋아하는 것을 선택할 수 있도록 부모가 배려해주세요.

문제 49

우리 아이가 이번 방학 동안 꼭 했으면 좋겠다 싶은 것을 이것저것 골라보세요.

- ☐ ① 학교 공부하기(뒤떨어진 공부 보충하기)
- ☐ ② 아르바이트
- ☐ ③ 컴퓨터 익히기
- ☐ ④ 여행하기(외갓집 방문, 배낭여행)
- ☐ ⑤ 학원 다니기(미술학원, 보습학원)
- ☐ ⑥ 한자 공부
- ☐ ⑦ 영어 회화 공부
- ☐ ⑧ 자격증 따기(워드, 요리, 미용)
- ☐ ⑨ 다이어트(살빼기)
- ☐ ⑩ 자기 방 청소하기
- ☐ ⑪ 집에 붙어 있기
- ☐ ⑫ 집안일 돕기(설거지, 동생 보기)
- ☐ ⑬ 운동(수영, 배드민턴, 줄넘기, 롤러 블레이드)
- ☐ ⑭ 규칙적인 생활하기
- ☐ ⑮ 잠 실컷 자기
- ☐ ⑯ 독서하기
- ☐ ⑰ 텔레비전 안 보기(적당히 보기)
- ☐ ⑱ 일기 쓰기

방학이 되면 아이들은 학교에 가지 않아도 되니 신납니다. 하지만 부모님들은 아이들과 집에 하루종일 붙어 있자니 스트레스가 쌓입니다. 아이들은 주방을 들락거리며 먹을 것만 찾고, 여기저기 집 안을 어질러 놓고, 하라는 공부는 안하고 하루종일 텔레비전을 끼고 삽니다.

그렇지 않으면 형제 간에 티격태격 싸우고, 어쩌다 한번 나가면 저녁 때가 다 되어도 집에 들어오지 않아 부모 속을 태웁니다. 그래서 어떤 부모는 방학하기가 무섭게 빨리 개학했으면 좋겠다고 불평합니다.

원래 방학이란 글자 그대로 틀에 박힌 학습에서 벗어나 학교에서 채울 수 없었던 것을 가정과 사회에서 보완하라고 특별히 잡은 기간입니다. 그런데도 부모님들이 가정에서 책임져야 할 일을 피하려고, 방학조차 학교에서 아이들을 붙들고 있어 주기를 바랍니다. 아이들이 눈에 띄지 않아야 속이 편하다고 생각하시는 겁니다.

그러나 아이들이 학교에서 채울 수 없었던 일에는 피로했던 심신을 회복하는 일도 있겠고, 취미와 특기를 살리는 일도 포함됩니다. 물론 사색과 독서로 영혼을 살찌울 수 있고, 가사를 돕고 이웃에 봉사할 수 있습니다. 부모님이 아이들과 싸우는 것은 방학의 이런 의미들 가운데 주로 '학습(공부)'에만 매달리기 때문입니다.

방학은 일상적으로 지내온 나날을 중간에 한번 짚고 넘어가자고 만든 것입니다. 그런데도 부모님이 방학을 학교 공부의 연장으로만 활용하려 하면, 방학에 이어 돌아올 다음 학기에는 그 한계가 쉬 드러납니다. 오히려 개학하면 학생들의 학습 열의가 더 떨어집니다.

예를 들어 어른들이 휴가 여행을 다녀왔는데, 그 휴식 동안 심신을 충전하지 못하고 심신을 열심히 소모하더니, 결국 집에 돌아와서 사나

흘 계속 곯아떨어지는 것과 비슷합니다. 고무줄을 계속 잡아당기면 끊어지듯이, 좋아하는 것이든 싫어하는 것이든 뭐든지 한계가 있지요.

그러니 마음이 조급해지는 고학년일수록 쉬어가세요. 맹렬하게 공부해야 할 때를 대비하여 방학은 흐름을 잃지 않는 범위 안에서 호흡을 조절하도록 하십시오. 진짜 열심히 공부에 집중해야 할 때에 아이들이 지치지 않도록 해야지요.

그러므로 부모님들이 방학 시작하는 날을 차라리 방학이 끝나는 날이라고 생각하면 어떨까 싶습니다.

'이럴 줄 알았으면 이거라도 시킬 걸' 하는 것을 한두 개 찾아서 이번 방학 동안 아이들이 그것만이라도 할 수 있도록 부모님이 힘을 모아 주시면 좋겠습니다.

예를 들어 이런저런 번잡함에서 벗어나 아이들을 푹 쉬게 한다거나, 컴퓨터면 컴퓨터, 여행이면 여행, 뭐 하나라도 제대로 하게 내버려두자는 것입니다. 금싸라기 같은 시간일수록 부모님 욕심을 드러내지 말고, 아이들과 상의하여 계획을 세우고 최선을 다해 실천할 수 있도록 옆에서 도와주셔야 합니다.

부모님들은 대개 뭐든 안 한 것보다는 낫겠지 하며 아이들을 무조건 붙들어놓기 쉽습니다. 하지만 오히려 지나친 것은 안 한 것만 못할 때가 많지요. 잔뜩 욕심을 부려 잔소리를 하고 아이를 감시해도, 안 되는 일은 안 되는 일입니다.

 부모님이 선택한 것이 다섯 개가 넘었다면 틀린 것으로 채점하세요. 심호흡을 하신 다음 좀더 줄이도록 하세요.

문제 50

부모님이 정한 영어(피아노, 수학 등) 학원을 아이가 걸핏하면 빠지려고 합니다. 학원에 갈 때마다 잔소리를 하고 소리를 질러야 겨우 발길을 떼어놓습니다. 그래도 계속 보내시겠습니까?

☐ ① 아이를 위해 보낸다.
☐ ② 싫으면 관두라고 한다.
☐ ③ 당분간 쉬었다가 얼마 뒤 다시 가라고 한다.
☐ ④ 아이가 원하는 학원에 보낸다.

요즘 부모님들은 아이들을 욕심껏 잘 키우고 싶어하지요. 서점에는 아이를 잘 키울 수 있는 비법을 담은 책들로 가득합니다. 모두 세속적으로 성공한 아이의 부모가 쓴 책들입니다. 그 책들을 읽어보면 그 부모도 대개는 보통이 넘습니다. 특별하거나 강인한 부모가 훌륭한 아이로 키운 셈이지요.

그래서인지 요즘 부모들도 점점 독해져 갑니다. 아이들을 조금이라도 남보다 강하게 키우려니 부모부터 독해질 수밖에요. 그러면서 사자도 제 새끼를 낭떠러지에서 떨어뜨리고 거기서 살아남은 놈만 키운다고 주장합니다. 물론 집 안에 아이라고는 한둘밖에 되지 않으니 무엇이든 남달리 키우고 싶으시겠지요.

그러나 아이들 교육을 사자가 새끼 키우는 원리처럼 간단히 생각하시면 안 됩니다. 소 새끼든 말 새끼든 대체로 짐승 새끼는 태어나자마자 혼자 서고 곧바로 걷습니다. 하지만 사람 새끼는 1년이 지나야 겨우 발걸음을 뗍니다.

그리고 만 일곱 살이 넘어 초등학교에 들어가야 비로소 말귀를 알아듣기 시작합니다. 웬만한 개는 열다섯 살쯤이면 거의 모두 늙어 죽습니다. 하지만 사람은 열다섯 살이라 해도 고등학교에 입학할 정도가 될 뿐이지요. 계속 배우는 과정에 있는 것입니다.

그러던 아이들이 커서 시집가고 장가가면 부모님이 손 털고 물러서느냐? 아니지요. 그때부터 새로운 걱정거리가 또 생깁니다. 김치는 담갔는지, 애는 잘 키우는지, 집은 장만하는 것인지……. 가지 많은 나무에 바람 잘 날이 없습니다. 이런 것이 사람 사는 모습이고, 짐승과 다른 점입니다. 인간은 죽을 때까지 부모, 자식, 형제, 이웃과 서로 의지하며 도움을 주고받습니다.

그런데도 부모님들은 '남보다 강해야 한다'고 사자새끼 키우듯 아이들을 자꾸 내몹니다. 그런 부모에게 시달리는 만큼 아이들도 질겨집니다. 다른 사람과 따뜻한 인간 관계를 맺기는커녕 동물적 본능을 키우며 삽니다. 이웃을 공격하여 물어뜯고 친구한테 이겨야 하는 것으로 압니다.

부모님이 '강하고, 뛰어나게'를 잘못 가르치면 아이들은 그 말을 '남을 짓눌러야'로 받아들입니다. 그래서 이웃이며 친구를 모두 경쟁자로 보게 되지요.

이런 세상은 말이 좋아 사람들이 모여 산다고 하지, 밀림이나 다름없습니다. 강한 자는 살아남고 약한 자는 죽어지내는 원리로 살아야 합니다. 겉으로는 웃지만 뒤로는 서로 불신하고, 돌아서기가 무섭게 자기 잇속을 챙기기 바쁠 겁니다. 게다가 밀림에서는 영원한 강자가 있을 수 없으니 어느 순간 승리자도 결국 모두 낙오할 수밖에 없습니다.

우리 아이들이 모두 승리하여 더불어 사는 길로 가려면 이제는 아이들이 이웃과 친구를 사귀고 세상을 두루 둘러볼 수 있도록 해주어야 합니다. 하기 싫어하는 애들을 짐승 다루듯이 내몰아 피아노학원이며 영어학원, 수학학원으로 보내시면 안 됩니다.

부모가 드셀수록 그 기세에 눌려 오히려 자식들이 제대로 성숙하지 못합니다. '어째 이런 아이가 있을까?'가 아니라 '내가 이런 아이로 만들었구나!' 하고 나중에 부모님 자신을 탓할 때가 있으실 겁니다. 그때는 후회해도 아무 소용이 없습니다.

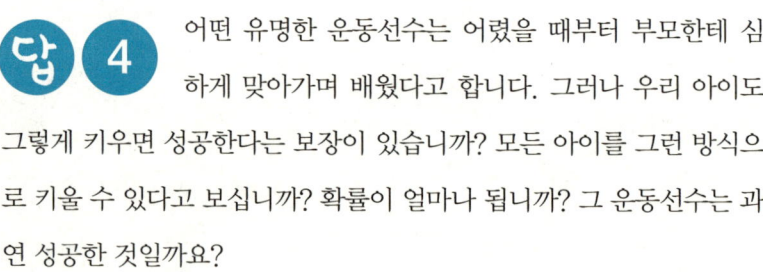

어떤 유명한 운동선수는 어렸을 때부터 부모한테 심하게 맞아가며 배웠다고 합니다. 그러나 우리 아이도 그렇게 키우면 성공한다는 보장이 있습니까? 모든 아이를 그런 방식으로 키울 수 있다고 보십니까? 확률이 얼마나 됩니까? 그 운동선수는 과연 성공한 것일까요?

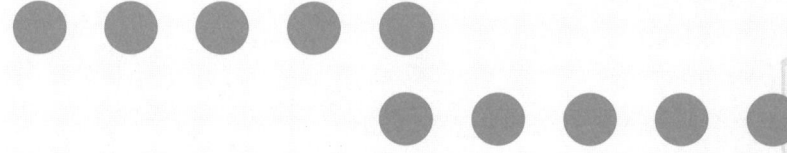

1. 대학 진학이 인생의 전부는 아닙니다
다양성을 인정하는 세상에 살면서도 아직까지 대학진학만을 인생의 큰 목표로 삼는다면 답답한 일이 아닐 수 없습니다. 우리 아이가 입시에 실패했다면, 그 실패를 거울삼아 자신을 제대로 돌이켜보고 미래를 위해 꾸준히 노력할 수 있도록 도와주세요.

2. 부모가 이루고 싶었던 꿈을 아이에게 강요하지 마세요
아이가 소질에 상관없이 의사나 변호사가 되어야 한다면, 그것은 부모가 살아온 20세기 삶의 방식이지, 결코 21세기 아이들의 인생은 될 수 없습니다. 혹시 부모가 이루고 싶었던 꿈을 아이에게 강요하는 것은 아닌지 생각해보십시오. 우리 아이에게 무슨 재주가 있는지 유심히 살펴보세요.

3. 텔레비전에 빠져 사는 아이, 함께 의하여 기준을 마련해보세요
아이와 몇몇 프로그램만 보기로 약속하고 아이가 텔레비전을 극복하도록 해야 합니다. '지나치지 않는' 기준을 아이와 머리를 맞대고 상의해보세요. 사람마다 성향이 다른 만큼 기준도 모두 다릅니다. 텔레비전을 보느라고 아이가 그날 하겠다고 약속한 일을 다음날로 미루지 않도록 해주세요.

4. 아르바이트를 하려는 아이, 부모가 기준을 마련해주세요
아이는 손쉽고 재미있으면서도 큰돈을 벌 수 있는 쪽을 선택할 것입니다. 자칫 재물을 좇아 자기 노동력을 파는 식이 되어버리지요. 그러니 아르바이트를 하겠다고 하면, 부모가 반드시 그 기준을 그어주세요. 아이 성격과 나이에 이쯤이면 되겠다 하는 기준을 제시하고 허락하셔야 합니다.

5. 방학 때엔 한 가지라도 제대로 실천할 수 있도록 도와주세요
방학식을 차라리 개학식으로 생각해보세요. 컴퓨터, 여행, 휴식 등 '이럴 줄 알았으면 이거라도 시킬 걸' 할 만한 것을 찾아서 아이가 그것만이라도 제대로 할 수 있도록 힘을 모아주세요. 부모 욕심을 드러내지 말고, 아이와 상의하여 계획을 세우고 최선을 다해 실천할 수 있도록 도와주세요.

청●소■시▲간 　 진 로 · 직 업 · 진 학 정 보

청소년을 위한 진로, 직업, 진학 정보

여성가족부 위민넷　www.women-net.net　여성을 위한 취업, 칼럼, 정책 정보 제공
이영대박사의 진로정보망　careerin.net　진로 상담 사례, 직업 정보 제공
전국여성인력개발센터　vocation.or.kr　여성을 위한 취업교육, 취업상담 등 다양한 프로그램
직업훈련 종합정보망　hrd.go.kr　노동부 및 중앙고용정보원에서 운영하는 직업훈련정보망
진학사　www.jinhak.com　대학입시 정보 제공
청소년워크넷　youthjob.work.go.kr　직업정보, 심리검사, 진로와 직업 온라인 학습
청소년 진로진학상담실　myway.or.kr　진로, 진학 정보, 학과 선택, 직업 정보 제공
커리어넷　www.careernet.re.kr　직업,학교,학과정보, 사이버 진로상담, 심리검사
큐넷　www.q-net.or.kr　한국산업인력공단에서 운영하는 인터넷 자격시험 정보
패스앤조이　www.passnjoy.co.kr　실업계 고교생의 대학입시가이드
하자센터　haja.net　연세대학교가 서울시로부터 위탁받아 운영하는 청소년 학습 공간
한국가이던스　www.guidance.co.kr　성격, 진로 등 심리검사
한국대학교육협의회　www.kcue.or.kr　대학입학종합정보
한국전문대학교육협의회　www.kcce.or.kr　전문대학입학정보
한국직업능력개발원　www.krivet.re.kr　직업교육 프로그램 개발, 직업 및 진로 정보 제공
한국직업정보시스템　know.work.go.kr　직업, 학과정보
한국청소년단체협의회　ncyok.or.kr　국내외 청소년단체 상호간의 협력 및 교류와 지원
한국청소년상담원　www.kyci.or.kr　청소년 상담
YMCA일하는청소년지원센터　job1318.ymca.or.kr　약물예방 상담, 아르바이트 자료 제공

제1교시 생활탐구 영역				제4교시 위기탐구 영역			
1	남편	아내	비고	26			
2				27			
3				28			
4				29			
5				30			
6				31			
7				32			
8				33			
9				제5교시 대화탐구 영역			
제2교시 학교탐구 영역				34			
10				35			
11				36			
12				37			
13				38			
14				39			
15				40			
16				41			
17				제6교시 미래탐구 영역			
제3교시 교육탐구 영역				42			
18				43			
19				44			
20				45			
21				46			
22				47			
23				48			
24				49			
25				50			

● 생각한 정답을 쓰시고, 본문의 답과 대조해보세요. 점수가 가장 좋은 영역과 나쁜 영역은 무엇입니까?

[남편 점수]　　　　　　　　　　[아내 점수]

| 수 80~100 | 참 멋집니다. 인간은 자유롭고 독립적인 존재라는 것을 알고 실천하는 분입니다. 자기 기준이 확실하고 합리적입니다. |

| 우 60~80 | 자녀를 넓게 이해하시는군요. 일과 친구를 좋아하고 실용적이며 활동적인 분입니다. 인간 관계를 소중히 여깁니다. |

| 미 40~60 | 자녀를 어느 정도 이해하십니다. 현실을 중요하게 여겨, 가끔 상대방을 기준으로 판단하는 분이지요. 좋은 게 좋다고 상대방에게 양보하는 때가 많습니다. |

| 양 20~40 | 자녀를 좀더 챙겨 주세요. 공상하기를 좋아하고 사고가 낙천적인 분입니다. 상상을 실천해보려는 낭만적 기질이 있지요. 그 날 기분에 따라 생각이 바뀔 때가 많습니다. |

| 가 0~20 | 자녀에게 더 많은 사랑을 베푸세요. 이 세상과 부딪치며 외롭게 살아온 분입니다. 아직도 세상이 힘들다고 생각하지요. 혼자 있는 것이 좋다고 생각하는 편입니다. |

□ 종례시간 □   한 걸음 옆에서

　20년도 더 된 일입니다. 제가 군에 갓 입대하여 훈련할 때였지요. 하루 일과가 끝나면 마지막으로 훈련병들이 단체로 목욕을 합니다. 그 시간이면 하루 종일 흘린 땀을 씻어낼 수 있어 즐거울 것 같지만, 사실은 그렇지 않았습니다. 목욕할 시간이 한 사람 당 3분밖에 주어지지 않았기 때문이었지요. 군인이라면 무슨 상황이 닥쳐도 얼른 해결해낼 수 있어야 한다는 겁니다. 이러니 훈련병이 일과 후 목욕을 하는 것은 피로를 푸는 일이 아니라 훈련의 한 과정일 뿐이었지요.
　교관이 훈련병들을 탈의실에 줄맞추어 세웁니다. 그리고 소리를 지르지요. "목욕 시간은 3분이다. 첫 소대 출발." 이 말에 맞추어 수십 명이 옷을 벗어던지고 목욕탕으로 뛰어듭니다. 이를 닦는 사람, 머리를 감는 사람, 온몸에 비누칠하는 사람. 그야말로 아수라장이 되지요. 그리고 그 주어진 3분이 되면 목욕탕에 있는 조교들이 호루라기를 불고 소리를 질러, 발가벗은 훈련병들을 탈의실 쪽으로 내쫓습니다.
　머리에 비누칠한 채 내쫓기기도 하고, 입 안에 치약 거품을 문 채 나오기도 합니다. 젊은 청년들이 발가벗고 이리저리 쫓겨다니는 목욕탕을 상상해보세요. 싱싱한 건강이 넘쳐나는 것이 아니라 살벌한 경쟁만 있을 뿐이지요.

다음 소대원들은 그런 모습을 보며 군복 윗저고리 단추 몇 개를 몰래 풀어놓습니다. 단추 푸는 몇 초라도 아끼려는 속셈이지요. 교관이 "다음 소대 출발." 하고 소리 지르면 똑같은 상황이 반복됩니다. 그래도 그런 난장판 속에서 어떤 사람은 욕탕에 뛰어들어 온몸에 물을 묻히고 비누칠하여 재빨리 머리도 감고 샤워도 하고 이까지 닦고 나옵니다.

저도 시간에 맞추어보려고 여러 모로 궁리했습니다. 단추를 미리 끌러도 보고, 선 채로 이쪽 발가락으로 저쪽 발 양말을 슬그머니 밀어내려놓기도 했지요. 그러나 무슨 수를 써도 몸을 씻지 못하고, 머리 하나 제대로 감을 수 없었습니다. 머리에 묻은 비누거품을 씻어내지도 못하고 벌거벗은 채 조교한테 엉덩이를 채여 엉거주춤 밖으로 쫓겨날 때면 '내 처지가 이게 뭔가' 싶어서 아주 비참했지요.

그래서 꾀를 낸 것이 '아예 목욕을 하지 말자'는 것이었습니다. 교관이 소리를 지르면 옷을 벗기 시작하되 목욕탕에 제일 늦게 들어가 물을 뿌리고 목욕하는 척합니다. 그리고 3분이 지나 호루라기를 불면 쫓겨나는 척하며 탈의실로 돌아와 옷을 입지요. 나는 단지 옷을 벗고 입을 뿐이니, 주어진 3분이 넉넉했고, 목욕하다가 발가벗고 쫓겨나지 않아도 되었지요. 몸을 씻는 거야 내무반 숙소에 돌아와 아무 때고 10분쯤 짬을 내면 숙소에 있는 세면장에서도 얼마든지 씻을 수 있으니까요.

그때 많이 깨달았습니다. '사람이 살면서 남들이 하는 것을 다 따라 하기는 힘들다. 남들이 할 때 나는 하지 않거나, 남들이 하지 않을 때

뭔가를 시도하면 삶이 얼마든지 여유로울 수 있다.'

　아이를 키우는 것도 마찬가지인 것 같습니다. 남들이 똑같이 몰려다 닐 때, 한 걸음 옆으로 물러나 그쪽을 보세요. 정말 다른 세상이 보일 겁니다. 예를 들어 남들이 모두 자기 아이를 대학에 보내려고 할 때, 우리 아이는 대학에 안 갈 수도 있다고 생각할 수 있지요. 다른 집 아이들이 학교를 졸업하고 결혼하여 가정에 안주할 때, 우리 아이는 한 곳에 머무르지 않도록 부모가 나서서 자극해야지요.

　　　　　　　　　　　　　　　　　　　　　　한 효 석

부모자격시험문제

[책속부록]
우리 아이 마음을 알 수 있는
『부모자격시험문제』
(한효석 지음, 홍승우 그림)

나의 부모자격시험 점수는 몇 점? 가족, 친구, 이웃, 동료와 함께 풀어보세요!!
도서출판 옹기장이

문제 1 _ 아이들 문제로 꼬인 일이 많아 이제부터라도 다시 시작하려 합니다. 부모님께서는 지금까지 아이들에게 실수했던 부분을 어떻게 하시겠습니까? (본문 01번)

① 잘못을 확실히 인정하고, 원점에서 다시 시작한다. '과거라는 부담을 덜고 싶어.'
② 과거는 과거고, 지금부터 다시 시작한다. '이미 엎지른 물을 어떡해. 과거로 가면 복잡해.'
③ 그때그때 봐가며 시작하게 되면 시작한다. '미안해도 할 수 없어. 모르는 척해야지.'
④ 그냥 넘어간다. '부모가 잘못하면 뭘 얼마나 잘못해. 저희들 위해서 하다보니 그렇게 된 걸.'

문제 2 _ 퇴근길에 아이에게 아이스크림을 사다주기로 했는데, 못 샀습니다. 그래서 내일은 꼭 사다주겠다고 다시 약속하였습니다. 그 다음날 퇴근하고 현관에 들어서는데 그때서야 아이와 약속한 것이 생각났습니다. 어떻게 하시겠습니까? (본문 04번)

① 다시 미룬다.
② 되돌아 나가 아이스크림을 사온다.
③ 아이를 피한다.
④ 일찍 잔다.

문제 3 _ 이번에 다른 곳으로 멀리 다녀오면 승진할 수 있는 기회가 돌아옵니다. 당신의 자녀는 중고생으로 사춘기와 입시 준비 등 아주 예민한 시기에 접어들었습니다. 어떻게 하시겠습니까? (본문 05번)

① 파견 근무를 포기한다.
② 가족들을 다 데리고 간다.
③ 내가 먼저 가고, 얼마 뒤에 가족을 부른다.
④ 친구나 친척에게 가족을 부탁한다.
⑤ 소식을 자주 전하거나, 집에 자주 온다.
⑥ 상의하여 결정한다.

문제 4 _ 다음은 부모가 이해해주지 않는 것으로 청소년들이 예시한 것입니다. 이 중 몇 가지나 해당되십니까? (본문 09번)

① "7시까지 집에 들어와라" - "친구 생일날은 놀다가 늦을 수도 있잖아요?"
② "누구랑 놀지 마라" - "난 그 아이가 좋아요"
③ 아이가 이성과 전화 통화한다 - "옆에서 듣고 뭘 그렇게 꼬치꼬치 물으세요?"
④ 약 올리는 말투 - "차라리 딱 잘라 말씀하시지, 왜 비꼬아서 말씀하세요?"
⑤ 지난 잘못을 다 들춘다 - "지금 이 일만 가지고 이야기하세요."
⑥ "성적이 떨어졌으니 ~ 하지 말아라" - "성적이 나쁘면 사람도 아닌가요?"
⑦ "나는 그 어려움 속에서도 공부를 잘 했어" - "저는 (부모님과) 다르거든요."
⑧ "그렇게 열심히 뛴다고 누가 알아주냐?" - "제가 알아주죠. 즐겁거든요."
⑨ "그 애가 사는 아파트는 몇 평이니?" - "인격이 아파트 평수랑 무슨 상관이에요?"
⑩ "봉사활동 열심히 해봤자 득 될 게 없어" - "득이 되어야만 무슨 일을 하나요?"

문제 5 _ 부모로서 당신은 아이를 학교에 왜 보냅니까? (본문 10번)

① 학교를 나와야 꿀리지 않는다.
② 부모의 도리니까 학교에 보낸다.
③ 학교를 졸업해야 아이가 제가 하고 싶은 것을 쉽게 한다.
④ 가르쳐야 사람다운 사람이 된다.

문제 6 _ 우리 아이가 새 학기에 학급 반장으로 뽑혔습니다. 학급 임원으로 뽑힌 다른 아이 엄마들이 담임교사에게 함께 인사하러 가자고 합니다. 어떻게 하시겠습니까? (본문 12번)

① 거절한다.
② 점심식사 정도만 같이 한다.
③ 돈만 내고 참석하지 않는다.
④ 대표를 뽑아 돈을 걷어 전달한다.

문제 7 _ 우리 아이가 학교에서 친구와 싸웠는데, 옷이 찢어진 상태로 코피를 흘리며 집에 돌아왔습니다. 무슨 말을 먼저 하시겠습니까? (본문 17번)

① 왜 싸웠냐?
② 넌 바보같이 맞고 다니냐?
③ 맞는 쪽이 차라리 뱃속 편하다.
④ 그 애가 누구냐? 그냥 놔두지 않겠다.

문제 8 _ 우리 아이가 '저녁 9시까지 들어오겠다, 동생과 다시는 싸우지 않겠다' 고 부모와 약속하고는 번번이 그 약속을 지키지 않습니다. 그리고는 이리저리 핑계만 댈 때 어떻게 하시겠습니까? (본문 20번)

① 몇 번 참다가 야단을 친다.
② 불러서 알아듣게 타이른다.
③ 약속을 지킬 때까지 기다린다.
④ 아이와 상의하여 약속 기준을 다시 정한다.

문제 9 _ 다음 중 우리 아이와 사귀었으면 좋겠다고 생각되는 아이는 누구입니까? (본문 21번)

① 좋은 학교에 다니며, 공부 잘 하는 아이
② 집안이 넉넉하고, 예의 바른 아이
③ 사고방식이 긍정적이고, 양보할 줄 아는 아이
④ 부모가 훌륭하고, 가정이 화목한 아이
⑤ 이런저런 재주가 많고, 예쁜 아이

문제 10 _ 우리 아이가 거실에서 친구들과 놉니다. 심부름을 시키려고 몇 번이나 불러도 노느라고 도무지 정신이 없습니다. 어떻게 하시겠습니까? (본문 23번)

① 쫓아가 화를 낸다.
② 아이 친구를 다 돌려보낸다.
③ 아이 친구들이 다 돌아간 다음, 야단친다.
④ 아이 어깨를 툭 치고, 심부름 내용을 말한다.
⑤ 심부름시키기를 포기한다.

문제 11 _ 우리 아이가 잘못을 저질러서, 상대방에게 손해배상금으로 1천만 원을 주지 않으면 구속되거나 학교에서 퇴학당할 상황에 놓였습니다. 당신은 어떻게 하시겠습니까? (본문 26번)

① 일단 빚을 내서라도 해결한다.
② 반 죽여놓는다. (외출 금지)
③ 믿음이 무너져 기절할 것 같다.
④ 네가 알아서 처리하라고 내쫓는다. (자식 취급 안 한다.)
⑤ 잘못한 정도를 따져 죄 값을 치르게 한다.
⑥ 아이가 상처받지 않도록 이해하고 용서한다.
⑦ 붙잡고 눈물로 호소한다. (기도한다)

문제 12 _ 우리 아이가 몸을 가누지 못할 정도로 술에 취해 밤늦게 들어왔습니다. 어떻게 하시겠습니까? (본문 27번)

① 누구랑 마셨냐고 물어본다.   ② 아무 소리 안 한다.
③ 내쫓거나, 패준다.   ④ 콩나물국을 끓여준다.
⑤ 술을 더 먹인다.

문제 13 _ 우리 아이가 신경질적이고, 말투가 거칩니다. 그 원인이 어디에 있다고 보십니까? (본문 29번)

① 내 잔소리 탓이다.
② 제 어미(아비)를 닮았다.
③ 사회 탓이다. 아이들이 노는 환경이 거칠다.
④ 학교 교육이 부실하다. 아이들 잘못을 바로잡아 주지 않는다.

문제 14 _ 우리 집 사내아이가 여자 친구와 함께 있을 때 있었던 스킨십을 말하였습니다. 어떻게 하시겠습니까? (본문 32번)

① 앞으로 네가 여자에게 집적거리면 가만 놔두지 않겠어. 그건 나쁜 짓이야.
② 나중에 크면 알게 되니, 지금은 절대 그런 짓하면 안 된다.
③ 스무 살이 되어 판단할 수 있을 때까지 기다려라.
④ 그러면 안 된다. 앞으로 그 여자 애와 무조건 만나지 말아라.
⑤ 그런 상황에서 자제하기는 어른도 쉽지 않다. 10대에 임신하는 것은 축복이 아니다.

문제 15 _ 당신이 '내가 너한테 안 해준 게 뭐가 있냐? 도대체 불만이 뭐냐?'라고 말하자, 오히려 아이가 당신에게 '그럼, 부모라고 나에게 해준 게 뭐가 있는데요?' 하고 대답니다. 도대체 이 아이의 불만은 무엇이겠습니까? (본문 34번)

① 집이 싫다. 자유롭고 싶다.
② 마음을 안 줬다. 관심을 두지 않는다.
③ 오빠, 동생을 차별하지 말라.
④ 부모 위치를 확실히 해라.
⑤ 물질적으로 잘해주는 것만 사랑은 아니다.
⑥ 날 마음대로 하려고 하지 말라.
⑦ 지켜봐 달라. 간섭하지 말라.
⑧ 우리 세대를 이해해 달라.

문제 16 _ 공부도 못하고 아무런 재주도 없는 우리 아이에게 학원비를 주실 때 어떤 생각이 드십니까? 있는 대로 골라 보세요. (본문 40번)

① 공부를 잘 하면 얼마나 좋을까?
② 헛돈 쓰는 거 아냐?
③ 다음 달 성적이 오르지 않으면 그만 다녀라.
④ 생활비가 빠듯한데 겨우 주는 거다.
⑤ 한숨이 나온다.
⑥ 나처럼 학원비를 척척 주는 부모도 없을 거다.
⑦ 옆 집 애들은 집이 어려워서 학원을 안 다녀도 공부만 잘 한다는데.
⑧ 미리미리 좀 이야기해라.
⑨ 땅 파봐라, 10원이 나오나.
⑩ 1등만 해봐라. 학원비 아니라 더 한 것도 준다.

문제 17 _ 요즘 아이들이 부모 마음을 모른다고 하지만, 그러면 요즘 부모는 아이들 마음을 얼마나 이해하고 계십니까? 있는 대로 골라보세요. (본문 41번)

① 컴퓨터 게임방에 가보았다.
② 아이들과 인기그룹 공연을 가보았다.
③ 아이들이 좋아하는 일본 만화를 보았다.
④ 최근 3개월 동안 학교 담임에게 전화한 적이 있다.

문제 18 _ 우리 아이가 공부는 잘하는데 대학교에 진학하지 않겠다고 하거나, 부모가 원하는 길과는 다른 방향으로 가려고 할 때 우선 어떻게 하시겠습니까? (본문 42번)

① 아이를 설득하여 부모 말에 따르게 한다.
② 아이의 선택이 얼마나 현실적인지 알아본다.
③ 아이 말에 일리가 있으면 따른다.
④ 아이 말을 무시하고 강요한다.(네가 나중에 부모 말이 옳았다는 것을 알 거다.)
⑤ 네 마음대로 해보라고 내버려둔다.

문제 19 _ 우리 아이가 아르바이트를 하겠다면 우선 무엇부터 따지십니까? (3개) (본문 46번)

① 주변 환경은 건전한지? 학생 신분에 맞는 곳인지?
② 많이 힘들지 않은지?
③ 편하고 재미있는지?   ④ 돈 많이 받는지?
⑤ 아이가 할 수 있는 것인지?   ⑥ 아이 마음에 드는지?
⑦ 공부가(학업에) 방해되지 않는지?   ⑧ 이웃 사람들 눈에 안 띄는 곳인지?
⑨ 나중에 어떤 도움이 될지?   ⑩ 일찍 들어올 수 있는지?

문제 20 _ 부모님이 정한 영어(피아노, 수학 등) 학원을 아이가 걸핏하면 빠지려고 합니다. 학원에 갈 때마다 잔소리를 하고 소리를 질러야 겨우 발길을 떼어놓습니다. 그래도 계속 보내시겠습니까? (본문 50번)

① 아이를 위해 보낸다.   ② 싫으면 관두라고 한다.
③ 당분간 쉬었다가 얼마 뒤 다시 가라고 한다.   ④ 아이가 원하는 학원에 보낸다.

♣ 총 20문항이므로, 문항 당 5점으로 채점하세요. 정답 및 해설은 본문을 참고하세요 ♣